KB232846

정보사회의 국제커뮤니케이션 질서

- 국제데이타유통(TDF) 분석 -

정보사회의 국제커뮤니케이션 질서

- 국제데이타유통(TDF) 분석 -

정 윤 식 著

KSi 한국학술정보(주)

目　次

표 목차

그림 목차

第1章 序 論

第1節 問題의 提起

근래에 들어와 컴퓨터와 통신기술의 융합에 의한 뉴테크놀로지의 발전은 컴퓨터와 인공위성을 이용한 全世界的인 텔레커뮤니케이션 네트워크의 형성을 가능케 하여, 어떠한 데이터라도 순식간에 원하는 장소에 전송할 수 있는 이른바 "國際데이터流通, 超國境데이터流通(Transborder Data Flow: TDF, TBDF)"[1]이라는 새로운 국제커뮤니케이션영역을 창출하고 있다. 국제데이터유통은 국경을 초월하는 情報流通으로서 컴퓨터가 매개하는 데이터 커뮤니케이션을 말한다. 국제데이터유통은 한 나라에 있는 정교한 컴퓨터를 다른 나라에 있는 제휴 컴퓨터에 연결시키고 다시 제휴 컴퓨터를 통해 원거리의 단말기에 연결시키는 방식으로 이루어진다. 컴퓨터와 텔레커뮤니케이션 기술의 융합은 사실 어떠한 곳에서든 비용효율적이고 신속한 데이터처리, 저장, 검색을 제공해 줌으로써 국제데이터유통 실현의 先行條件이 되고 있다.[2] Thomas T. Surprenants에 따르면

---

1) 우리나라 커뮤니케이션 학계에서는 TDF의 용어해석상 아직 일치를 보지 못하고 연구자들 간에 제각기 TDF를 번역해서 사용하고 있다. 秋光永은 '國際的데이터의 흐름', ("通信技術 革命과 國際커뮤니케이션", 〈서울大 新聞研究所學報(24)〉, 1987, p.36), 金永錫은 '超國境間 데이터流通', ("情報時代와 커뮤니케이션政策에 關한 研究", '87電氣通信學術課題, 1988, 1, p.11), 徐正宇는 超國境데이터의 流通 〈國際커뮤니케이션論〉 (서울: 나남출판사), 1987. p.437 참조) 등으로 사용하고 있다. 본 연구자는 TDF를 國際情報流通의 下位槪念으로 보고, 本 論文에서는 國際데이터流通으로 번역해서 사용하고자 한다.

12

이터유통이라는 새로운 국제정보유통 활동이 등장하게 됨으로써 지금까지 국제커뮤니케이션 연구에서 핵심적 위치를 차지하고 있었던 국제뉴스는 國際情報流通量의 10%에 불과하며, 실제 國際情報流通의 대부분은 국제 데이터유통을 통해 이루어지고 있다"고 한다.3)

국제데이터유통이 최근 國際社會에서 중요한 쟁점으로 등장하게 된 것은 國家間의 情報流通量이 급격하게 증가하고 있을 뿐만 아니라 국제데이터유통이 國際政治, 經濟의 構造的 特性과 밀접하게 연관되어 있으며, 따라서 새로운 國際關係를 형성하는 데에는 國際데이터流通에 대한 理解 없이는 불가능하다는 인식을 그 바탕으로 하고 있다. 즉 국제데이터유통의 등장으로 커뮤니케이션은 단순한 意思傳達이나 뉴스의 배포만을 의미하거나 또는 그 通路를 뜻하는 것이 아니며, 훨씬 더 넓은 의미를 갖고 있는 말로 인식되고 있으며, 國際關係의 기본적 배열을 결정하는 核心要素가 되고 있다. 이와 같이 국제데이터유통은 世界政治, 經濟의 本質, 패턴 및 方向을 정보의 流通方向이 상당히 반영하고 있다는 점에서, 그리고 컴퓨터와 커뮤니케이션 테크놀로지가 발전할수록 그 질적, 양적 팽창이 가속화된다는 점에서 국제커뮤니케이션 영역의 새로운 硏究對象과 爭点으로 부각되고 있는 것이다.4)

또한 국제간의 논쟁에 있어서도 기존의 매스미디어나 通信·印刷物의 不平等한 유통에서 제기되었던 文化的 問題보다도 국가 간에 있어서 훨씬

---

2) Unite Nations Center on Transnational Corporations(UNCTC), *Transnational Corporations and Transborder Data Flow: A Technical Paper*, (New York: United Nations Publication), 1982, pp.1-12.

3) Thomas T. Surprenants, "Problems and Trends in International Information and Communication Policies" in *Information Processing and Management Vol. 23, No.1.*, 1987, pp.47-64.

4) Rolf T. Wigand et al., "Transborder Data Flow, Informatics and National Policies: A Comparison Among 22 Nations", *Paper presented to ICA Annual Convention Session*, 1983. 5. 28. pp.1-42.

더 그 영향의 정도가 크고 심각하다는 점에서 국제사회에서 국제데이터유통을 둘러싼 논쟁은 더욱 첨예하고도 치열하게 전개되고 있다. 따라서 Herbert I. Schiller의 지적대로 "이제 커뮤니케이션 논쟁은 新國際情報秩序運動(NWIO)에서 제기된 몇 가지 주제, 예컨대 뉴스유통, 영화, 광고의 범람과 이에 따른 文化從屬에 관한 열기를 점점 사라지게 하고 있으며, 국제정치, 국제경제 분야와의 상호관련성이 높은 국제데이터유통이라는 새로운 커뮤니케이션 주제로 전환하고 있다. 이것은 커뮤니케이션政策에 있어서 優先順位의 변화를 의미하는 것"이기도 하다.[5] 즉 70년대에 들어서서 國家主權과 文化的 正体性의 확립이라는 제3세계의 정당한 자기주장의 실천논리로서 전개되어온 신국제정보질서운동은 UNESCO와 非同盟會議를 중심으로 한 제3세계 국가들의 지속적인 노력에도 불구하고 실질적인 효과 없이 문제를 그대로 남겨둔 채, 새로운 커뮤니케이션 테크놀로지의 발달에 따라 국제데이터유통이라는 새로운 국제커뮤니케이션 논쟁에 직면하게 된 것이다.

국제데이터유통에 관한 國際的 論爭은 정보의 自由流通原則과 정보의 유통을 제한하려는 제 세력 간에 경합으로, 각 국가 간에 정치, 경제적 이익을 구현하려는 과정에서 발생하는 국제적 갈등이다.[6] 현대 국제사회에서 국제데이터유통의 우위확보는 그 나라의 經濟能力의 상징이 되고 있음은 물론 軍事力의 우열에도 직접 연결되는 문제로서 국가의 정치적

---

5) Vincent Mosco and Janet Wasco(eds.), *The Critical Communi- cations Review(2)*, (Norwood, N. J.: Ablex Publishing Corp.), 1985, Introduction부문. 또한 Thomas T. Surprenant는 최근 국제커뮤니케이션정책을 (1) 뉴스·영화·광고문제, (2) 라디오 주파수, 전파마그네틱, 스팩트럼 배당문제 및 직접위성방송논쟁을 중심으로 한 The World Administrative Radio Conference(WARC), (3) TDF 논쟁으로 구분하고 있다.(Thomas T. Surprenants, *op. cit.*, pp.47-64.)

6) Hamid Mowlana, *Global Information and World Communication: New Frontiers In International Relations*, (New York: Longman), 1986, pp.100-101.

영향력의 중요 수단이 되고 있다. J. F. Rada의 주장대로 "정보는 이미 資本主義 社會에서 商品化過程을 밟고 있으며 노동력도 정보를 다루는 능력으로 많이 이전되고 있는 모습을 볼 때, 정보는 단순히 서비스의 부가물이 아니라, 산업의 변화에도 관련되는 중요한 요소"이다.7) 이런 의미에서 국제데이터유통은 정보상품의 이동이면서, 그 특성상 국제적 성격을 띠고 있으므로 국제사회에서 국제데이터유통이 새로운 커뮤니케이션 부각되고 있는 것은 정보의 정치8) · 경제적 속성9)이 그 어느 때보다

7) J. F. Rada, "Trends and Effects of Information Technology", in J. F. Rada and G. R. Pipe(eds.), *Communication Regulation and Int'l Business*, (Geneva Switzerland), 1981. p.38.

8) 정보의 자유유통원칙에 대한 가장 정교한 批判論을 제시하는 학자 중의 하나인 H. I. Schiller는 "국가 간의 정보의 흐름을 방해하는 어떠한 장애물도 있어서는 안 된다"는 원칙의 발생은 미국의 세계적 헤게모니 장악과 맥을 같이 한다고 주장한다. 그는 2차세계대전 이후 파시즘에 대한 반발로부터 나타난 자유주의의 열망을 틈타 쉽게 자리를 잡은 이 원칙은 뉴테크놀로지에도 적용되고 있으며, 커뮤니케이션테크놀로지의 응용은 주로 미국에서 世界制覇를 위한 정치적 목적에서 개발되었다고 보고 있다. 뉴커뮤니케이션 테크놀로지는 오늘날 경제혜택을 유지하고 국제정치, 사회변동을 억제하려는 現狀維持 (status quo)의 목적으로 개발되었다는 것이다. 특히 군사적 목적으로 개발된 뉴테크놀로지는 국제정치의 현상유지를 위한 강력한 수단이며 전자산업 그 자체를 군사물의 요소로 보고 있다. Herbert I. Schiller, "Informatics and Information Flows: The Underpinnings of Transnational Capitalism", in Vincent Mosco and Janet Wasco(eds.), *op. cit.*, pp.4-7).

9) 傳統經濟理論은 대개 정보에 대한 가격정책의 문제나, 자본 · 노동 · 자연자원과 같은 生産要素로서 다루는 문제를 무시하였다. J. E. Stiglitz는 "최근 정보의 중요성이 경제이론을 변화시켰기 때문에 市場均衡에 적용시킴에 있어서 신고전파경제이론은 타당성을 유지하기 힘들다"고 주장한다.(J. E. Steiglitz, "Economics of Information and Theory of Economic Development", National Bureau of Economic Research, Working Paper No.1566, 1985). 다시 말하면 需要供給의 法則이 더 이상 적용되지 않는다는 것이다. 왜냐하면 정보를 포함하여 발전된 경제이론이 전통적 이론으로는 전혀 언급할 수 없었던 현상을 설명해 주어야 하기 때문이다.(金世源, 秋光永(編著), 情報化社會의 挑戰, (서울: 貿易經營社), 1987, p.34에서 재인용)

또한 中心部國家들에 있어서 정보 분야에의 많은 투자는 중심부 경제에 많은

강조되고 있기 때문이다.(주 8), 9)를 참조바람) 미국은 전 세계적인 커뮤니케이션 수단을 통제함으로써 對外貿易에 있어서 얻어지는 이익을 과거의 역사를 통해 정확히 인식하고 있으며, 따라서 새로이 전개되는 국제데이터유통에 있어서도 정보의 자유유통원칙을 치밀하게 추진해 나가고 있다. 한편 미국의 '데이터의 자유유통원칙'에 대응하여 데이터의 자유유통을 막고, 情報主權을 보전하려는 유럽 국가들은 자국시민의 프라이버시를 보호한다는 명분을 내세워 정보의 海外流出을 제한하면서, 미국의 데이터베이스의 독점현상을 경고하고 있다. 또한 제3세계 국가들은 기업 간 정보전송네트워크는 多國籍企業의 해외진출을 용이하게 해줄 것이라는 우려를 표명하는 한편, 선진과학, 기술정보에 대해서는 적극적인 情報의 接近權을 내세우면서 정보의 자유유통원칙을 주장하고 있다. 이와 같이 국제데이터유통을 둘러싼 각 세력 간의 논쟁은 신국제정보질서에서

변화를 초래하고 있다. F. Machrup은 1962년 "미국에 있어서 知識의 生産과 分配"라는 논문에서 지식의 생산, 처리, 분배에 관련된 활동은 1) 교육, 2) 연구개발, 3) 통신수단, 4) 정보기기, 5) 정보서비스로 구분하여 측정하였는데 1958년 현재 국민총생산의 29%가 이러한 산업부문에서 산출된 것이고 全體勞動人口 중 31%가 이 부문에 종사하였다고 추산하였다. 〈F. Machrup. *The Production and Distribution of Knowledge in the United States*, (Princenton Univ. Press), 1962.〉 M. C. Porat는 이러한 Machrup의 논의를 발전시켜 사회 내 정보활동을 정보기기를 생산하거나 정보서비스를 판매하는 1차 정보부문, 그리고 각 산업 내부의 정보 관련 업무를 지칭하는 2차 정보부문으로 구분하고 이러한 양 부문이 국가경제에서 차지하고 있는 비율을 측정한 결과 1967년 전 미국노동력의 46%, 전 노동수입의 53%가 포함되어 미국의 경제가 情報經濟로 이행하고 있다는 사실을 밝혀냈다. 〈March C. Porat, "Communication Policy in an Information Society", in Glen O. Robinson(ed.), *Communication for Tomorrow Policy Perspectives for the 1980s*, (New York: Praeger), 1978, p.7.〉 Daniel Bell은 이러한 경향을 19세기 이후 지속되어온 産業社會가 노동의 개념, 社會的葛藤의 유형, 政治體制 등을 달리하는 後期産業社會로 변화하고 있음을 보여주는 증거로 해석하고 있다. 〈Daniel Bell, *The Coming of Post-Industrial Societies Venture in Social Forecasting*, (New York: Basic Books), 1973.〉

주요 테마가 되었던 영화, 뉴스, 광고의 범람에서 제기되었던 선진국 대후진국, 또는 남-북 간의 대립이기보다는, 미국과 유럽의 논쟁을 중심으로 한(북-북문제), 제1세계와 제3세계(남-북문제), 제1세계와 제2세계(동-서문제) 사이의 갈등을 포함하는 多角的인 構造로 전개되고 있다.[10)

그러므로 국제데이터유통 논쟁이란 한마디로 미국에 의해 독점되고 있는 현존 국제데이터의 유통질서, 즉 국제간의 국제데이터유통의 유통체제가 갖고 있는 정보의 構造的 不平等과 暈的, 質的 不均衡을 시정해야 한다는 유럽과 제3세계의 요구로 볼 수 있겠다. 특히 미국과 유럽의 논쟁이 되고 있다는 점에서 기존의 국제 커뮤니케이션질서 구조와는 차

---

10) 日本 郵政省의 「TDF ウオース」(1985.4), 「國祭데이터流通問題의 動向」 (1984. 3)이라는 보고서에는 국제데이터유통의 流通構造를 다음과 같이 분석하고 있다.

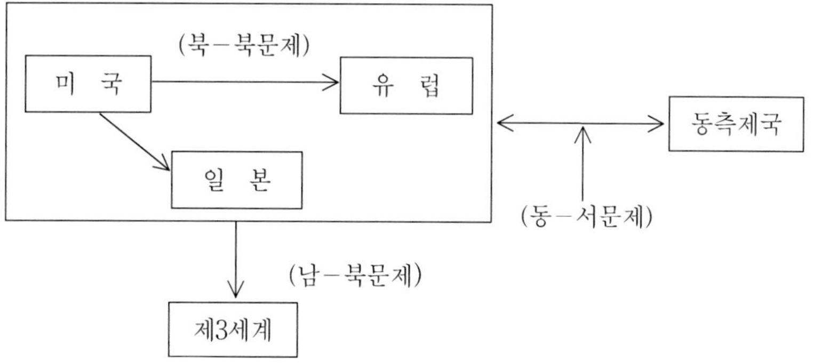

첫째, 국제 뉴스유통논쟁은 주로 제1세계와 제3세계와의 갈등에 초점이 맞추어지나 국제데이터유통에 있어서는 제1세계 국가들 간(북-북문제), 제1세계와 제2세계(동-서문제), 제1세계와 제3세계(남-북문제)와의 갈등을 포함하는 복합적인 갈등구조로서 그중에서도 특히 미국과 유럽 간의 갈등이 가장 첨예하다. 둘째, 제3세계는 아직도 상당수가 국제데이터유통을 유입할 만한 下部構造가 충분히 구성되지 않아서 先進開途國을 제외하고는 국제데이터유통 논쟁에 적극적이지 않다고 보고 있다. 셋째, 국제데이터유통은 자본주의국가뿐만 아니라 이제 일부 社會主義國家들에게까지 연결됨으로써 전 세계적인 쟁점이 되고 있다.

이가 있다. 그러나 국제데이터유통이라는 새로운 테크놀로지가 "커뮤니케이션 流通構造에서 불평등 구조를 갖고 있으므로 현시점에 걸맞은 새로운 질서의 수립을 위해서는 커뮤니케이션의 自主權 確立이 그 전제이며, 커뮤니케이션 질서의 개편 없이는 政治的, 經濟的 獨立도 불가능하다"는 신국제정보질서의 기본정신11)과 그 맥락을 같이하고 있다고 볼 수 있다.

국제데이터유통논쟁은 이상에서 제시한 바와 같이, 커뮤니케이션의 자주권을 확립하고, 정보의 구조적 불평등과 양적, 질적 불균형을 시정해야 한다는 측면에서는 신국제정보질서운동의 기본원리와 그 맥락을 같이 한다고 볼 수 있지만, 한편 국제데이터유통이라는 새로운 테크놀로지의 도입과 새로운 커뮤니케이션 활동은 기존의 국제커뮤니케이션 구조와 질서를 변화시킬 것이라는 전망도 아울러 가능하다고 하겠다.

그동안 국제데이터유통연구는 국제데이터유통 자체가 다양한 國際關係 속에서 여러 영역들이 상호 연관된 複合的인 問題이기 때문에 國際政治, 國際貿易, 國際法 또는 通信工學分野 등 다양한 분야에서 이론적 접근이 시도되어 왔다. 본 연구자가 '국제데이터유통'에 관한 연구를 진행하는 과정에서 국제데이터유통에 관한 종합적인 연구는 OECD의 ICCP(Information Computer Communications Policy) 委員會報告書, UNCTC(OECD)의 Technical Paper, 日本 郵政省報告書 등 國際機關이나, 國家單位로 행해지는 연구에서 찾을 수 있었다. 그러나 국제기관이나 국가단위로 시행된 연구들은 自國의 이익을 대변하거나 특정 利害關係를 전제로 한 실질적인 문제를 다루고 있어서, 학문적인 체계성과 객관적인 연구결과를 제시하지는 못하고 있다. 특히 국제데이터유통은 새로운 커뮤니케이션의 쟁점으로 제기되고 있으나 제 문제를 분석할 국제데이터유통의 槪念定義, 理論的, 方法論

---

11) 秋光永, "第三世界와 新國際情報秩序 運動", 金晋均 外 〈第3世界와 韓國의 社會學〉, (서울: 돌베게), 1986, p.225.

18

的 틀을 제대로 정립하지 못함으로써 현재까지 다른 국제커뮤니케이션 연구 분야에 비해 그 연구성과의 집적이 미진하였으며, 다음과 같은 문제점을 지니고 있다고 판단된다.

첫째, 국제데이터유통이라는 용어는 개념정의가 명확히 규정되어 있지 못하여 연구자가 국제데이터유통이라는 개념을 어떻게 규정하느냐에 따라 그 실체가 달리 인식되고 있다.12) 또한 국제데이터유통에 의한 규정을 잘 이해하고 있는 학자들도 정보의 전송이 중시되는 기업 간 네트워크 시스템에 초점을 두고 이론을 전개하거나(多國籍企業의 제3세계 진출을 우려하는 批判理論家), 데이터베이스를 염두에 두고 이론을 전개하거

---

12) 국제데이터유통(TDF)이라는 용어는 원래 1974년에 OECD가 주최한 「프라이버시 세미나」에서 처음으로 사용되었지만, 이 국제데이터유통의 개념과 범위에 대해서는 학자들마다 차이가 있다. 국제데이터유통이라는 새로운 국제커뮤니케이션 영역에 대해서 직접 위성방송, 텔렉스, 국제전화 등 일련의 국제텔레커뮤니케이션이나 방송, 텔레비전처럼 大量傳達을 시도하고 있는 매스미디어 영역까지도 국제데이터유통에 포함시키는 학자들도 많이 있다. 그러나 구체적으로 국제데이터유통은 데이터의 처리, 저장 또는 검색, 처리를 목적으로 국제간 컴퓨터 커뮤니케이션 체제를 하부구조(infrastructure)를 통해서 인공위성이 국가경계선을 넘어서는 디지털 기호화된 情報單位들의 이전으로 정의할 수 있다. 아울러 국제데이터유통으로 규정되기 위해서는 (1) 전송, (2) 저장, (3) 처리의 세 가지 기술과정이 있어야 하기 때문에 전송만을 담당하는 텔리커뮤니케이션이나, 매스미디어의 영역은 제외된다. 이와 같은 관점을 본 연구자가 재정리해 보면 국제데이터유통의 기술적인 특징은 다음과 같다.

1) Information movement across national boundary(情報의 越境)
2) Machine readable data(機械解讀資料, 컴퓨터利用資料)
3) Transmitted electronically(Telecommunication)
4) Point-to-point communication
5) Information transmission, storage, processing

또한 전달되고 있는 정보의 내용면에서 보면 국제데이터유통은 뉴스나 기타 형태의 公的커뮤니케이션이라기보다는 비교적 私的인 커뮤니케이션이라 할 수 있는 기업 간의 運營데이터, 金融去來데이터, 個人身上데이터, 科學技術데이터 등으로 구성되어 있다.

나(국제데이터유통의 發展情報의 특성이 제3세계 발전에 도움을 준다는 낙관론자), 또는 정보처리 시스템(프라이버시보호를 주장하는 유럽학자) 등 연구자에 따른 연구관점이나 연구결과의 차이는 대부분 국제데이터유통에 있어서 研究對象의 차이에서 비롯되고 있는 것 같다. 또한 각 국가에 있어서 상당부분 자국의 문제점으로 인식하는 국제데이터유통의 유형에 따라 국제데이터유통의 政策差異가 현저하게 나타나기도 한다.

둘째, 국제데이터유통 자체가 많은 국제영역들이 상호 연관된 복합적인 문제이기 때문에 政治學, 國際法學, 經濟學(國際貿易), 커뮤니케이션학 또는 通信工學 분야에 이르기까지 다양한 학문영역에서 국제정보유통연구가 시행되고 있으나 국제데이터유통현상을 종합적으로 분석할 수 있는 이론적 패러다임은 개발되지 못하고 있다. 따라서 기존의 국제데이터유통에 관한 논의들은 국제데이터유통에 대한 槪論的이거나 初步的인 豫言의 수준을 넘지 못하고 있다는 지적을 받고 있다. 元佑鉉은 "새로운 테크놀로지에 대한 연구는 최근 들어 급속도로 개발되고 있는 새로운 테크놀로지의 개발만큼 깊이 있게 진행되고 있지는 못하다. 최근의 일부 연구들은 事後的인 影響研究의 범위를 크게 벗어나지 못한 나머지 그 연구결과의 부적합성에 대한 회의적인 비판이 뒤따르고 있다. 다시 말해서 연구자의 개인적인 의견이나 規範的인 價値判斷에서 머무르고 있다"는 지적을 하고 있다.

이와 같은 지적은 국제데이터유통 연구에서도 그대로 적용되어 커뮤니케이션 테크놀로지의 발달만큼 그 연구의 성과가 집적되지 못하고 있다고 하겠다. 특히, 커뮤니케이션 영역에서 이루어진 연구들을 보면 다른 학문의 성과를 소개하는 데 그치거나 제3세계의 입장을 대변하는 批判的 觀点에서 국제데이터유통문제를 주로 南—北문제로 국한시키고 있다. 이들은 신국제정보질서운동이 활발하던 1970년대에 국제커뮤니케이션 연구의 전통을 이루어왔던 남—북 간의 정보유통 현상에 역점을 두는 가운데 국제데이터유통의 방향을 제1세계-제3세계라는 획일적인 패턴으로 분할하고 있으며13) 국제데이터유통논의에서도 從屬이라는 개념을 적용하고 있다(본고 국제데이터유통에 관한 비판적 관점 참조). 즉 국제데이터유통은 情報富裕(information rich)의 「北」으로부터 情報貧困(information-poor)의 「南」으로 하향하는 垂直的 流通이라는 하나의 공통된 가정을 내포하고 있다. 그러나 국제데이터유통은 오로지 남-북 관계에 국한된 쟁점이 아니라 오히려 선진공업국에서 더욱 미묘한 쟁점이 되고 있다는 사실을 고려해보면 다수 학자들의 이와 같은 가정은 국제데이터유통의 특성을 분석함에 있어서 어느 일면만을 지나치게 강조했다고 볼 수 있겠다.

셋째, 국제커뮤니케이션 연구 분야에서 이루어진 국제데이터유통 연구는 규범적, 정책적 연구가 대부분이다. 국제데이터유통은 기업 간에 정보네크워크를 통해 유통되는 정보, 데이터베이스에 저장된 정보, 외국의 호스트 컴퓨터에서 처리되어 보관되는 정보 등 정보의 소유권적 특성 때문에 정보의 검색이 어렵고 어느 기관에서 어떻게 정보를 유통하고 있는지를 측정하기가 사실상 쉽지 않다. 14)이와 같은 국제데이터유통의 研究方法上의 어려움을 인정하더라도 국제데이터유통에 대한 연구는 實證分析

---

13) H. Mowlana, op. cit., p.123.

14) M. Rogers는 "컴퓨터를 이용해서 자동적으로 데이터를 수집한다는 것은 곧 그런 데이터 수집이 個人面接이나 郵便設問과 같은 종전의 방법보다도 훨씬 적은 자원을 필요로 하면서도 內容分析을 통해 더 많은 자료를 수집 가능하게 해 준다고 판단된다. 컴퓨터는 장기적인 네트워크데이터를 보존하고 있기 때문에 연구자들은 반복해서 그 자료들을 이용해서 커뮤니케이션체제를 연구할 수 있다"는 것이다. 〈Everett M. Rogers, Communication Technology, (N. Y.: The Free Press), 1986, 元佑鉉, 전게서, p.209.에서 재인용〉 그러나 이와 같은 E. M. Rogers의 판단은 첫째, 컴퓨터정보가 長距離通信에 이용되는 사례가 많으며 둘째, 정보의 所有權的 特性 때문에 非公開로 커뮤니케이션이 이루어지며, 셋째, 정보의 검색 시 節次上의 複雜性 때문에 정보유통의 내용 분석이 사실상 쉽지 않다는 것을 간과하고 있는 듯하다.

이 없이 연구가 이루어졌기 때문에 많은 오류를 범하고 있다고 판단된다. 이 중 대표적인 예가 제3세계에 대한 국제데이터유통의 유통문제가 아닐까 생각된다(본고 H. Mowlana, H. I. Schiller의 국제데이터유통모델 참조). 사실상 상당수 제3세계 국가들은 일부 선진개도국을 제외하고는 데이터의 국제유통을 원활히 수용할 만한 下部構造(infrastructure)를 갖추지 못하고 있기 때문에 국제데이터유통은 제3세계에 있어서는 당면한 懸案問題라기보다는 오히려 未來의 課題가 되고 있는 것이다.

第2節 研究問題 및 論文의 構成

　본 연구에서는 문제의 제기를 통해서 제시한 연구자의 인식을 기초로 하여 다음과 같은 연구문제를 제시하고자 한다.

　첫째, 국제데이터유통이라는 새로운 테크놀로지의 도입과 새로운 커뮤니케이션활동은 기존의 국제커뮤니케이션질서를 어떻게 변화시키는가를 文獻考察方法을 통해 검토해 보기로 한다. 상술한 바대로 커뮤니케이션 테크놀로지의 발전은 국제데이터유통이라는 새로운 국제정보활동을 가능하게 함으로써 이제 국제커뮤니케이션 논쟁은 국제데이터유통이라는 새로운 문제에 직면하고 있다. 따라서 본 연구에서는 제2장 '國際데이터流通에 關한 論議와 先行研究'들을 고찰하는 데 있어서 유럽의 프라이버시보호에 대한 논쟁을 정보주권론이라는 차원에서 해석해 보고 제3세계의 입장을 재검토해 본 후 이 결과들을 토대로 국제데이터유통이라는 새로운 국제커뮤니케이션 현상이 기존의 국제커뮤니케이션질서를 어떻게 변화시키는가를 분석해 보고자 한다.

둘째, 한국의 국제데이터유통의 略史를 통해 制度的 特性, 국제데이터유통의 對象國家, 韓國데이터流通 專擔機關인 韓國데이터通信(株)(DACOM)의 국제데이터유통의 메시지내용과 受容者의 特性을 분석해 보고자 한다.

셋째, 본 연구에서는 狀況構造的 接近方法(Logistic Approach)에서 사용되는 統計的 方法과 뉴스유통연구에서 사용되는 變因들 가운데 국제데이터유통을 결정하는 변인들을 선정하여 한국의 事例를 통해 국제데이터유통에 관한 실증적인 분석을 시도하려 한다. 국제데이터유통의 決定要因으로서는 政治的要因으로 外交關係, 國家序列, 相互條約數를 선정하고 經濟的要因으로는 國民總生産(GNP), 貿易量, 多國籍企業數를, 文化的要因은 Al Hester가 제기한 海外移民數, 相互訪問數, 國際結婚 등 文化的 近接性을 측정할 수 있는 변인으로 선정하고, 物理的要因으로는 國家의 크기, 人口, 地理的 距離 등을 선정하였다. 從屬變因으로는 國際데이터流通量을 測定하였다. 상황구조적 접근방법15)을 통해 국제데이터유통을 결정한다고 판단되는 요인들을 선정한 후, 이들 요인들이 국제데이터유통을 어떻게 결정하는가를 Duree, Rosengren, De Verneil 등이 사용한 多變因回歸分析方法(multiple regression), 그리고 相關關係分析(correlation analysis), 判別分析(discriminat analysis), 要因分析(factor analysis) 등의 多變因分析方法(multivariate analysis)을 적용하여 한국의 국제데이터유통의 특성을 多元的으로 분석하고자 한다. 또한 기존의 국제커뮤니케이션 연구의 대부분을 차지했던 뉴스유통의 決定要因도 분석하여 이를 국제데이터유통

---

15) Logistic Approach는 커뮤니케이션학계에서 용어의 해석상 아직 그 시민권을 확보하지 못하고 있다. Logistic Approach란 국제관계변인, 국가적 변인을 동시에 고려하는 접근방법이라 할 수 있는데 徐正宇는 情報外的인 要因(狀況的要因)으로 명명하고 있으며 (徐正宇, 전게서, 1987, p.215), T. Ahren은 構造的要因(Sturctual Variable)으로 명명하고 있다. 따라서 본 연구자는 명칭을 종합하여 Logistic Approach를 狀況構造的要因으로 명명하기로 한다.

의 決定要因과 相互比較함으로써 국제데이터유통과 뉴스정보유통 決定要因의 차이점도 분석해 보고자 한다. 상황구조적 접근방법을 통한 국제데이터유통의 결정요인에 대한 실증분석의 調査問題와 假設은 제3장 2절에서 다시 상술하기로 한다.

국제데이터유통 연구는 오늘날 국제커뮤니케이션 연구가 당면한 가장 큰 문제 중의 하나임에도 불구하고 이에 관한 체계적인 연구패러다임과 연구방법이 빈약하다고 할 수밖에 없는 실정이라 하겠다. 특히 우리 커뮤니케이션학에서의 국제데이터유통연구에는 비판적관점이 주류를 이루어왔고, 타학문 분야에서의 성과를 소개하는 정도의 초보적인 수준에 머물고 있다. 거의 모든 사회현상이 그러하듯이 국제데이터유통현상 역시 대단히 복잡하고 복합적인 현상의 하나로 파악되어야 마땅할 것이며, 이런 의미에서 여러 가지 國家的 要因 또는 國際關係 要因을 동시에 고찰하는 多元的 接近方法이 국제데이터유통현상을 분석하는 데 필요할 것으로 믿는다. 그러므로 국제데이터유통에 대한 다원적 접근방법은 아직 개발되지 못하고 있으나 국제커뮤니케이션질서운동의 맥락에서 多元的 接近方法을 뒷받침 해 왔던 상황구조적 접근방법(Logistic Approach)을 국제데이터유통연구에 원용하여 데이터의 국제유통을 결정하는 요인을 분석하는 일은 매우 의미 있는 일이 될 것이다16)

---

16) Hamid Mowlana는 신국제정보질서운동이 제기된 이래 커뮤니케이션질서 문제를 해결하기 위해 아래의 두 가지 연구방법이 제시되고 있다고 한다.(1) 정보유통의 실제 내용을 분석하는 방법이 있다. 이 방법을 통해 제3세계학자들은 제3세계로 흘러가는 정보의 대부분이 주로 서구와 미국에 관한 것이며, 정작 수신국인 低開發國家에 관한 것은 상대적으로 드물다는 것(質的 不均衡 問題)과 國際情報가 미국 등 선진국에는 호의적인 이미지를 조성하고 있다는 이미지 조작문제를 밝히려 했다.(2) 국제정보유통을 결정하는 요인을 분석함으로써, 정보유통의 근본적인 불균형이 어디에서 비롯되는가를 분석하는 것을 그 목적으로 하는 것이다. 이 방법에는 情報流通에 영향을 미치는 媒体內部의 決定要因을 고찰하는 게이트키핑 패러다임(Gatekeeping

Paradigm)연구와, 매체외적인 구조적 요인을 고찰하는 상향구조적 접근방법 (Logistic Approach)로 구분된다. 〈Hamid Mowlana(ed.), *International Flow of News*, (UNESCO), 1985, pp.4-31. 요약〉.

第2章 國際데이터流通에 관한 論議와 先行研究들

국제데이터유통에 관한 문헌은 양적으로 방대하고, 그 내용도 다양하여 이를 일일이 거론하는 일은 매우 어려운 일이다. 최근 국제데이터유통이 미치는 국제관계에 대한 영향력으로 인해 여러 연구 분야에서 국제데이터유통에 관한 연구가 이루어지고 있다. 각 국가기관을 비롯해 OECD, GATT등의 국제협력기구에서도 데이터의 국제유통을 둘러싸고 각 국가 세력 간에 치열한 논쟁이 전개되고 있으며, 따라서 이와 같은 관심에 부응하여 국제데이터유통연구도 매우 다양하고도 복잡한 양상으로 전개되어 가고 있는 추세라 하겠다. 本 研究者가 文獻研究 과정에서 발견한 점은 첫째, 커뮤니케이션학에서 논의되는 국제데이터유통논쟁과 先行研究들은 주로 第1世界, 第3世界의 관계를 분석하는 것이 많았으며, 둘째, OECD, GATT, UNCTC, 日本郵政省報告書 등 國際協力機關의 보고서에서는 주로 미국과 유럽 간의 국제데이터유통논쟁을 다루고 있다. 本 研究에서는 국제데이터유통에 관한 논의와 선행연구들을 제3세계와 유럽의 입장을 중심으로 분류한 후, 이들의 입장을 대변하고 있다고 보여지는 關係文獻들을 본 연구자가 再整理하여 綜合槪觀해 보기로 한다. 유럽의 입장은 프라이버시보호논쟁을 情報主權的 次元에서 해석해 보기로 한다.

第1節 第3世界의 立場과 關聯된 論議와 先行研究들

1項. 國際데이터流通에 관한 批判的 觀点

국제커뮤니케이션체제를 통해 國際秩序의 主導勢力의 象徵体系(情報)를 시간과 공간을 초월하여 받아들일 때, 받아들이는 쪽에 보다 마이너스가 된다고 보는 否定的 視角을 대표하는 학자가 Herbert. I. Schiller이다. 그는 世界生産의 양상과 성격이 중심국의 시장에서 결정되고 이것이 다시 확산되어 單一市場構造로 구성된다는 從屬理論의 관점을 국제커뮤니케이션이론에 적용하고 있다.

그는 覇權國들이 사용하는 세계지배의 수단은 자본과 시장에 대한 경제적 통제로 보고 있다. 오늘날 선진 자본주의국가에서는 情報産業의 육성을 통해 체제의 中心에서 周邊으로 정보를 확산되는데, 이는 종래의 帝國主義 연결관계의 재현으로서, 支配一從屬關係를 강화시키는 전략으로 보고 있다17)

Schiller는 이와 같은 비판적 인식에서 美國經濟의 "情報化"의 원인을 다음과 같이 제시하고 있다.

첫째, 製造業에 있어서 경쟁적 이점을 유지, 회복하려는 희망, 둘째, 정보상품 및 서비스의 수출을 통해 貿易不均衡을 보상하려는 희망, 셋째, 다국적기업들의 전 세계적 활동에 전자커뮤니케이션을 활용하려는 의도, 넷째, 장기간에 걸친 막대한 軍事研究開發活動으로부터 파생된 기술적 지식을 영리적 목적에 활용하려는 욕구, 다섯째, 선진자본주의 경제의 성

---

17) Herbert I. Schiller, "Communication and Cultural Domination", p.3, 河英善, "直接衛星放送의 國際政治學: 情報의 自由로운 流通 對 規制論爭을 중심으로", (서울대학교 대학원 석사학위 논문), 1985, p.9.에서 재인용.

장에 수반되어 온 생산력이 낮고 지나치게 팽창된 서비스활동부분을 합
리화할 필요성 등이다18)

즉 이와 같은 Schiller의 입장은 국제데이터유통에 대해서도 "美國經
濟는 多國籍企業을 통해 海外市場을 개척해 왔으나 제조업, 공산품 등
전통적인 산업이 퇴조함에 따라 産業構造의 再編成이 불가피하게 되었
고, 컴퓨터와 커뮤니케이션의 융합을 통해 국제정치, 국제경제적 우위를
계속 확보하려고 한다는 점에서 국제데이터유통은 世界經濟, 政治的優位
를 확보하기 위한 미국의 마지막 카드이며, 미국 資本主義의 大活性化를
위한 스프링보드(springboard)"라는 견해로 표명되고 있다.19)

Schiller의 주장은 정보화란 결국 흔히 社會學者들이 주장하는 '장밋빛
낙관론'과는 달리 중심부 국가들에 의해 자본주의 경제발전에 따른 내부
의 경제문제를 극복하고, 점차 공업화되어가고 있는 제3세계에 대한 경
제적 우위를 지속적으로 확보하기 위해 추진되고 있다는 것이다. 이러한
Schiller의 주장은 아직 분명하게 단언할 수는 없지만, 현재 서구의 중심
부 국가들이 미래경제를 주도하게 될 핵심 산업부문으로서 情報通信部門
에 주력하고 있으며 정보화를 國家的 最優先 課題로서 추진하고 있음은
부정할 수 없는 사실이라 하겠다.

Shiller는 자신의 이와 같은 입장을 설명하기 위해 국제데이터유통에
있어서는 주로 기업 간 정보전송시스템을 논의의 대상으로 하면서 주로
다국적기업의 해외진출문제를 집중적으로 거론하고 있다. 그는 국제데이
터유통의 대부분이 다국적기업의 각 지사와 본부 간에 이루어지는 社內

---

18) 尹錫敏, "情報通信技術의 發達과 南北間 葛藤의 變貌에 關한 研究: DBS
   논쟁을 중심으로", 서울대 석사학위논문, 1987, p.30.
19) Herbert I. Schiller, "Informatics and Information Flow: The
   Underpinnings of Transnational Capitalism", in Vincent Mosco
   and Janet Wasco(eds.), *The Critical Communications Review(2)*,
   (Norwood, N. J.: Ablex Publishing Corp.), 1984, pp.5-6.

流通으로 보고 있다. 따라서 이러한 유통망을 통해 전달되는 데이터는 다국적기업의 해외활동에 필요한 原料供給, 人事管理, 價格設定, 勞動政策, 稅金, 通貨保有 및 投資計劃 등과 관련된 기초자료로 활용될 뿐만아니라, 한 나라의 이해관계에 중요한 영향을 미치는 중요한 결정들이 그 국가의 감독에서 완전히 벗어난 해외의 원격지에서 자신의 이익을 중시하는 집단(다국적기업)에 의해 조종되는 결과를 초래한다고 보고 있다. 그러므로 相互依存된 국제정치, 국제경제질서하에서 세계의 중심부인 선진공업국들은 점차 서비스산업과 情報處理産業에 주력하게 되고, 다국적기업에 의한 생산활동 중에서 勞動集約的 産業은 生産條件이 유리한 周邊의 開發度上國으로 이동한다는 것이다.[20]

즉 데이터의 국제유통은 한 공장에서 조립생산의 모든 공정을 다 갖추는 대신에 각국에 분산된 공장에서는 한 부품 또는 하나의 제품을 생산하여 이를 다른 곳의 공장에서 조립하는 焦点生産方式(focused production)을 가능케 하며, 이에 따라 국제데이터유통은 다국적 기업의 원가절감에 결정적 기여를 하게 된다는 것이다.

최첨단 정보통신기술은 선진국 다국적기업들로 하여금 頭腦集約的 하이테크산업의 집중을 가능케 해주었고 동시에 그들의 生産下部構造의 再構成을 통하여 國際比較優位를 유지하게 해줄 뿐더러 전통적으로 저개발 국가들의 이점이 되어 있던 노동집약적산업의 비교우위마저 박탈하는 것으로도 평가되고 있다는 것이다.

국제데이터유통은 선진국 다국적기업의 본사와 지사 간에 또는 다국적인 상호간에 정보교환이나 저개발 국가로부터 수입, 가공 처리된 정보를 저개발 국가에 판매하기 위하여 주로 사용되고 있는 실정이라는 것이다. 이런 의미에서 Schiller 주장은 지나친 과장만은 아니며 데이터의 국제유

---

20) *Ibid.* pp.5-8. 요약.

통은 선진국 다국적기업의 '초국가적' 지배의 수단이자 목표이며, 자본주의 世界市場의 經濟原理에 따라 탄생되고 추진되는 것으로 이해할 수도 있다. 즉 Schiller는 데이터의 국제유통을 선진제국의 커뮤니케이션기술의 총결산이면서 동시에 자본주의를 더욱 강화시켜주고 자본주의의 확대재생산이 가능하도록 해 주는 다국적기업의 전략수단으로 이해하고 있는 것이다.[21]

IBI 보고서[22]도 이와 같은 비판적 인식에 기초하여 국제데이터유통에 대해 다음과 같은 견해를 나타내고 있다. 첫째, 국제데이터유통은 外國子會社들의 專門化를 가속화시키고 中央集中적 意思決定設備를 갖춘 모기업 시스템에 자회사들을 더욱 통합시키는 작용을 하게 된다. 둘째, 기업의 국제데이터유통을 위해 설치한 국제간 컴퓨터 통신시스템은 개도국들이 설치한 통신설비를 주로 단순한 입·출력이나 단순처리기능만을 하도록 하며, 셋째, 다국적 기업의 국제데이터유통은 국제 勞動分化現象을 강화하는 데 이용될 것이라고 주장하고 있다.

UNCTC는 1982년 UN에 제출한 「다국적기업과 TDF」라는 보고서를 통해 국제데이터유통 네트워크를 통한 다국적기업의 海外進出이 가져오는 문제점은 첫째, 第3世界의 財政的損失, 둘째, 國濟的인 勞動分化, 셋째, 開度國의 對外協商能力弱化, 넷째, 國家의 自律權의 손상과 국가안보의 취약성, 다섯째, 國內情報通信産業의 落後, 여섯째, 情報主權, 文化從屬의 問題 등을 제시하고 있다.[23]

---

21) "National Sovereignty and World Business System", in Paper *Presented to the International Political Association Ⅷ Working Congress*, Paris, 1985., 秋光永, "通信技術의 革命과 國際커뮤니케이션", 〈서울대 新聞研究所學報〉, 1987, pp.42-43.에서 재인용.

22) International Bureau for Informatics, *World Conference on Transborder Data Flow Polices*, 1982, p.90.

23) UNCTC, Transnational Corporations and Transnational Data Flow: A Technical Paper, (N. Y.: UN Publications), 1982,

H. P. Gassman도 이와 같은 맥락에서 국제데이터유통은 자본이 풍부한 需要者만이 이용할 수 있는 국제정보통신망을 형성함으로써 세계경제체계의 公平性을 강화 해주는 대신에 오히려 情報富裕層(Information rich)과 情報貧困層(Information poor) 간의 不均衡을 擴大한다고 주장한다.24)

1980년 6월 발간된 OECD의 ICCP위원회 보고서도 국제데이터유통이 意思決定의 集中現狀을 유발하게 되어 국제간의 葛藤要素가 될 우려가 있다고 주장한다. 국제데이터유통이 유발하게 될 意思決定의 集中現狀은 해외에 있는 子會社들(Affiliates)의 自律權에도 影響을 미치게 될 것인데, 이는 주재국의 사회, 경제적인 발전에 기여하기 위하여 그 나라 환경의 조건과 욕구들을 고려해야 할 자회사의 자율역량이 위축된다는 측면에서 자회사가 주재하고 있는 국가와의 관계에 갈등요소로 작용하게 될 것이라고 주장하고 있다. 자회사와 모회사 간의 심층적인 협의는 어떤 경우에는 상대국의 사정 때문에 어려울 때가 있다. 그러나 여하튼 국제데이터유통은 컴퓨터통신시스템을 갖춘 다국적 기업의 利潤을 증대시켜 주기 때문에 상대국의 기업이나 여타기관(예: 노동조합)에 비해 다국적기업의 協商能力을 제고시켜 준다. 반면 상대국 기업들은 심각한 불이익을 당하게 되고 고유 이점을 저해 당하게 된다. 만약 이러한 문제점이 다른 요소들에 의해 상쇄되지 못할 때에는 상대국 기업이나 정부와 다국적기업 간의 갈등은 필연적이 될 것이라고 전망하고 있다.25)

이상에서 살펴본 바와 같이 국제데이터유통에 대한 비판적 관점에서는 컴퓨터와 정보통신기술은 다국적기업의 존재와 활동을 가능하게 해주는

---

pp.55-62.

24) Hans Peter Gassman, "Data Networks: New Information Infrastructure", in *OECD Observer*, *No.95*, 1987. p.15.

25) OECD ICCP 委員會 報告書, Transborder Data Flow and the Protection of Privacy, (Paris), 1980. 6, p.123.

中樞神經係이며 低開發國의 産業을 그들의 生産下部構造로 편입시켜 저개발국들의 노동집약적 비교우위마저 앗아가는 전략적 수단으로 이해하고 있다. 즉 국제데이터유통은 경제적 목적이 개입되어 있다고 보고 있다.26) 이와 같이 국제데이터유통을 비판적 관점에서 서술한 Schiller를 비롯한 연구자들의 견해는 국제데이터유통을 통한 다국적기업의 제3세계 진출현상을 분석하는 데에는 유용한 이론을 제공하고 있다. 그러나 국제데이터유통현상 전체를 분석하는 데에서는 다음과 같은 몇 가지 제한점을 가지고 있다고 판단된다.

첫째, 국제데이터유통에 대한 개념정리가 잘못되어 있다. 즉 Schiller는 국제데이터유통을 기업 간의 정보전송시스템에 국한시키고 있다. 그러나 정보전송시스템은 국제데이터유통의 한 유형일 뿐 국제데이터유통의 모든 유형을 포괄하지는 않는다. 즉, Hamid Mowlana의 지적대로 제3세계 국가들은 데이터베이스를 통해 자국으로 들어오는 발전정보에의 접근, 입수 및 그 이용능력이 정치, 경제, 사회적 이점을 줄 수 있다는 것을 충분히 인식하고 있다는 사실을 Shiller는 간과하고 있는 것 같다.

둘째, 국제데이터유통 논쟁을 주로 제1세계와 제3세계 논쟁으로 인식하고 있지만, 제3세계는 아직 국제데이터유통을 수용할 만한 技術的 段階에 미치지 못하기 때문에 향후의 문제로 볼 수 있으며, 현재로서는 일부 선진개도국에만 해당되는 문제라 할 수 있다. 국제데이터유통은 사실상 그 유통의 방향과 양의 측면에서 선진지역 간에 더욱 많이 발생하고 있으며 국제데이터유통 技術設備가 부족한 저개발국에서는 실제 국제데이터유통에 대한 접촉도가 낮기 때문에 제3세계 국가만이 일방적으로 국제데이터유통 침해를 당하는 것이라고 해석하기는 어렵다고 할 수 있다.

셋째, 국제데이터유통에 의한 다국적기업 진출을 제3세계에 대한 經濟

---

26) J.F. Rada, "The Micro Electronic Revolution: Implications for the Third World", in *Development Dialogue, Vol. 2,* 1982, pp.42-67.

的 侵略手段으로 보면서도, 이에 대한 대응책을 제시하지 않고 있다. 결국 이와 같은 Schiller의 견해는 情報의 孤立主義(일본 우정성 보고서는 이를 '情斷論'이라고 표현하고 있음)라 할 수 있는데 이와 같은 孤立主義가 과연 뉴테크놀로지 시대에 있어서 第3世界의 發展에 有用한가에 대한 설명이 필요하다고 본다.

2項. 國際데이터流通의 有用性에 關한 硏究

정보가 파워의 토대인 한에서 정보에의 接近/入手와 그 利用能力은 일부 국가들에게 유리한 政治, 經濟, 社會的 利點을 줄 수 있다. 국제데이터유통은 제3세계의 發展過程을 돕기도 하고, 방해하기도 하는 굉장한 潛在的 能力을 드러낼 것이다. 최신 정보로 가득 찬 국제데이터유통은 개발도상국들에게 발전의 대안들에 관해 보다 많은 선택을 제시할 것이며, 보다 효율적인 자원 배정에도 기여할 수 있으며, 이는 다시 生産性과 經濟成長을 촉진하는 데도 도움이 될 것이다.[27] 실제로 제3세계 국가들은 자신들의 저개발 상태의 컴퓨터기술과 국제데이터시장에의 接近不能으로 말미암아 세계경제에 참여하는 길이 봉쇄당하고, 따라서 선진세계에 대한 그들의 종속이 지속될지도 모른다고 우려하고 있다.

20세기 후반에 이르러 산업화를 기초로 한 현대국가들은 이번에는 情報革命을 이룩하여 전 지구적 규모의 경제성장과 팽창을 시도함으로써 국제체제는 경제적 측면에서 位階秩序化 되고 있다. 그런데 農耕社會로부터 産業社會로, 그리고 다시 情報社會로 발전되어 오면서 그 원동력이 된 과학과 기술은 서방의 몇몇 선진공업국들에 의하여 이루어져 왔기 때

---

27) Hamid Mowlana, *Global Information and World Communication: New Frontiers in International Rations*, (N.Y.: Longman), 1986, p.104.

문에 우수한 과학과 기술력을 기초로 하여 선진공업국들은 그들에게 유리한 국제위계질서를 구축하여 왔으며 또한 현재까지도 정보의 독점 내지는 우위를 계속 유지하고자 노력하고 있는 것이다.

이에 반하여 제3세계의 저개발 국가들은 선진공업국 우위의 국제위계질서를 붕괴시키고 평등한 신국제경제질서를 확립시키기 위한 노력의 일환으로 바로 그 위계질서의 기초가 되고 있는 정보의 남(南)으로의 유통을 강력히 요구하고 있다.

MacBride 보고서가 지적하듯이 國際情報市場은 開途國에 관한 실질적인 정보들을 유통시키고 있기 때문에 국제정보유통은 개도국 간의 경제협력을 꾀하는 데 필요한 기구가 될 것이다. 개도국들은 유용한 정보의 이용에 있어서 선진국에 비해 상대적으로 열등한 위치에 있기 때문에 그들의 近代化計劃에 심각한 차질이 오며, 많은 중요한 영역에서 귀중한 자료를 얻지 못하고 있으며, 외국정부나, 다국적기업과의 거래를 위한 협상에서도 불리하게 된다. 즉 정보의 자유유통원칙이 개발도상국에게 적용될 필요성이 제고되고 있는 것이다. 과학정보의 자유유통에 관한 국제적 토론에서는 흔히 많은 역설이 나타난다. 예를 들면, 정보과학이나 정보네트워크분야에서의 국제토론회에서 뉴스의 자유로운 유통을 옹호하던 몇몇 나라에서 온 대표들이 科學技術情報를 공유하도록 정보의 유통을 개방하라는 제3세계에 대해서는 놀라울 정도로 침묵을 지키며, 國際交換協定보다는 雙貿交換協定이 대개는 더 적합하다고 주장한다. 그리고 대개는 국가 간의 데이터유통에 대해서, 자기네 정부는 정보를 소유하고 있는 사기업이나 기관을 전혀 통제할 수 없기 때문에 과학, 기술 정보에의 접촉을 확대하는 데 있어서는 아무것도 해줄 수 없다고 말한다. 이것은 국가로 들어오고 나가는 정보에 대해 국가가 통제할 권한이 있다고 주장해 왔던 종래의 논리와는 정반대의 주장이라 하겠다.[28]

이와 같은 측면에서 전형적인 擴散理論(diffusion theory)의 시각에서 국제데이터유통의 이점을 제시하고 있는 학자는 Ithiel de Sola Pool이다. 그는 "장거리 컴퓨터 커뮤니케이션 요금의 하락은 의심할 여지가 없다. 패킷(packet)교환기술을 이용한 국제데이터 커뮤니케이션망은 세계 어느 곳에서나 어떤 데이터베이스건 100단어당 5센트 미만의 비용으로 이를 이용할 수 있게 해 줄 것이다. 저개발 국가의 대학 또는 기획부서의 연구자들은…… 전 세계의 데이터베이스로부터 어떤 사실적 정보도 가기들 국내 전화사용료보다 비싸지 않은 값으로 검색, 사용할 수 있는 것이다. 따라서 명백한 사실은 國際通信은 저개발국들에게는 대단히 중요하다는 것이다. 그들은 미비한 정보시설들을 최상의 것으로 도약 개선시킬 수 있거나 아니면 더욱 낙후하여 낙오하게 될 것이다"라고 주장한다.[29]

Sola Pool은 情報從屬은 개발도상국이 자체적으로 습득할 수 없는 기술과 노하우(Knowhow)를 선진국이 독점할 때 발생되므로 국가 간 情報流通이 保護主義의 장벽으로 제한된다면 개발도상국은 진정한 독립을 획득될 수 없다고 주장한다. 정보의 자유는 특히 세계의 인텔리에게 필요불가결하므로 "커뮤니케이트할 권리"가 정보의 자유유통원칙하에 보장되어야 할 것이며, 저렴한 비용의 세계커뮤니케이션의 확산이야말로 인류에게 궁극의 희망을 제시하는 것이며, 이로써 世界体制로의 진보가 이루어질 것이라고 전망하고 있다.[30]

개발도상국의 협상능력을 함양시키기 위한 정책 및 조치들을 검토하고 있는 UNCTC는 데이터의 국제유통에 미치는 다국적기업의 영향력과 그

---

28) Sean MacBride et al., *Many Vocies, One World*, (UNESCO), 1980, pp.110-123.
29) Ithiel de Sola Pool, "The Influence of International Communication on Development", in Syed Rahim & John Middleton(eds.), *Perspectives in Communication Policy and Planning*, (Honolulu, Hawaii: East-West Center), 1977, pp.101-120.(秋光永, 前揭論文, p.39.에서 재인용).
30) 河英善, 前揭論文, p.17.

역할에 관한 주요 특징들을 제시하면서도, 한편으로는 국제데이터유통이 제3세계에 미칠 긍정적인 영향력을 제시하고 있다. UNCTC는 1982년에 발간한 「Technical Paper」[31]에서 국제데이터유통의 有用性 與否는 제3세계의 정부나 기업이 국제데이터시장에 얼마나 접근할 능력이 있는가와 테크놀로지와 장비 등 국제데이터유통의 下部構造를 얼마나 충분히 갖추고 있는가에 달려 있다고 본다. 이러한 조건이 어느 정도 성숙되고 국제데이터유통이 개도국에 유용하게 이용된다면 국제데이터유통의 이점은 괄목할 정도로 증대될 수 있다고 주장한다.

첫째, 국제데이터유통은 급속히 확장되고 다양해지고 있는 최근의 지식들을 접할 수 있는 기회를 수많은 이용자들에게 제공할 것이다. 이러한 최신의 정보에 대한 접근을 통해서 개도국들은 여러 가지 의사결정의 대안들을 비판적으로 비교할 수 있게 되며, 국가발전을 추진하는 데 필요한 정보들에 대해서도 접근할 기회가 더욱 많아질 것이다. 그러므로 현재의 데이터베이스망에 일부나마 개도국들이 접근할 수 있다면 이는 매우 귀중한 이점이 될 수 있을 것이다.

둘째, 국제데이터유통은 제3세계에게 선진국이나 다국적기업들과의 자주적인 協商能力을 제고시켜 줄 것이다. 즉 經營 및 經濟情報가 점차 증가하면서 온라인(online)으로 이들을 필요할 때 언제든지 이용하게 된다면 개도국의 협상능력을 한층 더 강화될 수 있을 것이다.

셋째, 제3세계에서 데이터의 국제유통은 국내의 수요와 잘 연결될 때 발생할 수가 있을 것이다. 교육프로그램은 훨씬 풍부한 教育情報를 이용함으로써 더욱 향상될 수 있겠고, 보건문제는 향상된 검진시설을 이용하고 적절한 처방을 내림으로써 더욱 개선될 수 있을 것이다.

넷째, 국제데이터유통이 선진국의 다국적기업의 效率性 增大에 기여하

---

31) UNCTC, *op. cit.*, pp.48-54. 요약.

는 것과 마찬가지로 국제데이터유통은 개도국의 기업들에게도 얼마든지 이점을 제공할 수가 있다. 즉 국제정보유통을 이용해서 세계시장에서 개도국기업의 경쟁력을 향상시키게 되고 선진국시장에서도 경쟁할 수 있는 유리한 고지를 제공해 주게 된다.

다섯째, 국제데이터유통은 과학기술의 발전을 촉진시키는 데 필요한 모든 데이터들의 송·수신을 가능하게 하는 도구라는 점에서 자원의 국제적인 분배는 물론 생산성향상과 경제발전에 많은 기여를 할 것이다.

한편 MacBride 報告書도 「結論과 權告」[32]에서 국가내의 그리고 국경을 초월한 기술정보의 유통이 주요한 開發資源의 하나이며, 국가들이 모든 차원에서 技術的 決定을 내리는 데 필요한 이러한 정보에의 접근은 새로운 정보원에의 접근과 마찬가지로 중요하다고 강조하면서 개발도상국가들이 발전정보에 대해서 적극적인 접근을 시도할 것을 권고하고 있다.

즉 교육, 과학, 커뮤니케이션정책은 실제적으로 그 내용이 중복될 때가 많기 때문에, 상호관련성을 가져야 하며, 각국은 국내외로부터 기술정보와 자료를 수집, 이용하기 위한 기구를 하나 이상 만들어야 하며, 기본적인 자료처리활동에 필요한 기본 장비를 확보하고, 遠距離 探知(Remote Sensing)로 얻은 자료의 컴퓨터처리와 분석을 위한 기술과 시설을 개발해야 한다는 것이다. 권고사항 35, 36, 38을 보면 다음과 같다.

35. 모든 국가는 이용 가능한 정보에 접근할 수 있는 平等한 權利를 가지고 있으며 선진국은 技術情報의 교환을 촉진토록 해야 한다. 이 분야의 不平等을 줄이기 위해서는, 지역적인 또는 제도적인 障碍要因에 관계없이 다양한 네트워크를 통해 기술정보의 수집, 재생, 처리, 전파를 위한 協力裝置를 조성하는 것이 필요하다.

36. 개발도상국은 국가정보과학정책을 선결문제로 채택해야 한다. 이

---

32) Sean MacBride et al., *op. cit.*, p.261.

정책은 부처 간, 그리고 다학문 간의 상호 밀접한 관련이 있어야 하며 이 센터는 다른 것들 중에서도 가) 기술적 대처방안을 평가하고, 나) 기술장비 구입을 일원화하고, 다) 소프트웨어의 국내 생산을 조장하며, 라) 교육, 보건, 소비자 서비스 등을 포함하는 많은 분야에 있어서 지역 간 그리고 소지역 간의 협력을 증대해야 한다.

38. 다국적기업들은 駐在國의 요청에 따라 그리고 현지법률과 규칙에 따라 그들의 활동을 평가하는 데 필요한 모든 정보를 주재국의 당국에 제공해야 한다. 다국적 기업들은 또한 그들이 주재하는 나라의 국민, 노동조합, 기타 관련 해당 분야에 다국적기업의 세계적인 구조, 활동과 정책 그리고 당사국의 중요성을 이해하는 데 필요한 정보를 그들에게 제공해야 한다.

한편 일본의 우정성에서 발간한 「TDF ウオース」라는 보고서에서는 데이터베이스의 「마타이효과」(누구에게라도 그것을 가지고 있는 사람은 점점 풍부해지며, 그것을 갖고 있지 않는 사람은 그 가진 것마저도 빼앗기게 된다는 것.)를 거론 하면서 데이터베이스는 정보의 속성 때문에 선진국에 집중할 수밖에 없다고 주장한다. 데이터베이스는 供給者의 側面에서나 利用者의 側面에서 모두 '規模의 效果'가 적용되기 때문에 공급자의 입장에서 보면 데이터베이스의 매상액은 이용자의 검색횟수에 비례하며 따라서 이용자의 수가 많을수록 그 데이터베이스는 매력 있는 것이 된다. 또한 이용자의 측면에서 보더라도 자신이 만든 정보를 타인에게 참조하고자 할 때 유명한 데이터베이스에 자신의 정보를 등록하고 싶을 것이다. 그래서 유명 데이터베이스에는 정보가 집중되게 마련이며 점점 성장하고 거대해진다는 것이 데이터베이스의 마타이효과라 할 수 있다. 거대한 데이터베이스는 마타이효과에 의해 다른 나라의 작은 데이터베이스를 병합해 가게 되며 따라서 현재 거대한 데이터베이스를 독점하고 있는 미국에게로 데이터베이스가 집중되는 현상은 향후에도 불가피하다는

요지를 펴고 있다.[33)]

이상에서 본 바와 같이 커뮤니케이션학에서 이루어진 국제데이터유통 연구는 데이터의 국제유통이 제3세계에게 해택을 줄 것이라는 낙관적인 전망을 펴는 학자들은 주로 데이터베이스의 논의에 초점을 두고 있으며, 국제데이터유통에 대한 비판적 입장에 있는 학자들은 국제데이터유통 네트워크를 통한 다국적기업의 해외진출현상에 대해 우려를 표명하고 있음을 알 수 있다.

그러나 Hamid Mowlana의 견해[34)]에 따른다면 제3세계 국가들은 실제로 외국의 데이터베이스를 통해 자국으로 유입되는 과학, 의료, 기술 등 發展情報(Development Information)에 대해 정보에의 접근/입수와 그 이용능력이 제3세계 국가들에게보다 유리한 정치, 경제, 사회적 이점을 줄 수 있다는 것으로 판단하고 있다. Hamid Mowlana는 1982년의 「새로운 기술과 국제정보질서에 관한 회의」에서 보여준 제3세계의 입장을 그 예로 들고 있다. 그 당시 쿠바 대표들은 정보의 국제유통에 있어 대안적인 질서를 요청하면서 자유유통의 원칙을 거부하고 "교육 및 문화부문에 적절한 자율적이고, 조정된 국가별 커뮤니케이션정책"을 수립하자고 제창했다. 그러나 국제데이터유통을 에워싼 정치, 경제적 현상황하에서 제3세계 국가들은 구바 제안과는 相異한 進路 즉 자유유통 독트린의 전면 수락과 전면 거부 사이의 균형을 이루는 진로를 따를 것으로 전망되고 있다. 즉 제3세계에 컴퓨터통신기술이 경제·사회 발전에서 수행하는 역할이 극히 중요하다는 인식이 더욱 증대됨으로서, 여러 선진 국가와 개발도상국들이 情報資源과 情報産業의 활용을 위한 종합적 전략을 마련토록 촉진시켰다는 것이다. 그런 의미에서 국제데이터유통이 현존 남-북 간의 국제커뮤니케이션질서를 무조건 약화시킬 것이라는

---

33) 日本郵政省 電氣通信局, TDF ウオース, 1985. 4, p.229.
34) Hamid Mowlana, *op. cit.*, p.230.

Schiller 등 批判理論家들의 一方的인 評價는 국제정보유통의 커뮤니케이션구조와 技術原理, 現況에 대한 實證的 分析이 따르지 못하고, 과거 신국제정보질서운동에서 제시된 커뮤니케이션帝國主義의 논리를 그대로 적용시킨 것으로 볼 수 있다.

따라서 국제데이터유통에 관한 제3세계 정책당국자들은 정보의 자유유통을 통해 얻을 수 있는 발전정보의 혜택과 동시에 데이터 자유유통으로 발생하는 다국적기업의 자국내 진출과 정보의 비용부담에서 발생하는 경제적 손실 등 불이익을 동시에 고려해야 할 것이다. 따라서 정보의 자유유통과 규제 사이의 적절한 균형을 맞추는 것이 국제데이터유통질서의 과제가 될 것 같다. 즉 국제데이터유통네트워크을 통해 유통되는 정보의 내용과 성격에 따라 제3세계는 국제데이터유통 정책에 탄력성을 부여하게 될 것이다.

第2節 프라이버시보호法을 通해 본 國際데이터流通에 關한 유럽의 論議와 先行研究들

1項. 프라이버시보호法의 情報主權的 特性

情報主權은 국경선을 넘나드는 정보를 통제하려는 排他的 利害關係와 제한 없이 정보를 越境, 이동하려는 寬容的 利害關係 사이의 경합이며, 미국과 유럽의 국제데이터유통논쟁의 根幹을 이루고 있다. 관용적 이해관계는 '정보의 자유로운 유통'이라는 일반적 명칭하에 묶이는 原則, 慣行, 政策들을 포함한다. 이러한 정책들은 국제데이터유통의 利用, 交流의 증대를 촉진, 도모하는 데 주안점을 두고 있다. 이에 비해 배타적인 이해 관계를 대표하는 원칙, 관행, 정책들은 '情報의 主權'이라는 이름 밑에 묶이며, 정보의 利用統制, 制限된 接近, 保存, 拒否 및 移動의 制限을 강조하고 있다.35)

정보주권이란 한 사회가 외부로부터의 부당하다고 여기는 정보 및 커뮤니케이션의 영향으로부터 자신을 지킬 수 있는 권리이다. 이 개념은 본래 제3세계 국가들 사이에서 자신들의 정보 및 커뮤니케이션 자원이 미국이나 유럽의 이익에 지배당하고 있다는 인식이 고조되던 70년대 초에 대두된 개념이다. 초기에는 영화, 텔레비전, 통신사, 뉴스 등 선진국의 매스미디어가 미치는 영향에 초점이 모아졌으며 제3세계의 대변인들은 '자유로운 정보유통'을 표방하는 미국과 선진제국이 다른 나라들 간의 심각한 정보유통의 불균형을 전혀 고려하고 있지 않다고 반박했다. 여기서 강조되는 것은 "特定國家의 獨立性"이라는 것이다. 이는 國家主權 概念의 또 다른 표현이다. 이 국가주권 개념이 국제데이터유통의 문제와 관련될 때는, "정보주권(Information Sovereignty)"의 의미가 더욱 뚜렷이 부각된다.36)

이와 같은 정보주권의 개념이 최근 유럽에서 국제데이터유통 논쟁을 둘러싸고 크게 부각되고 있다. 유럽 국가들은 美國文化浸透 現狀에 대해서는 자신들의 주권을 지킬 수 있다는 확신 때문인지, 그다지 심각한 우려를 표명하지 않고 있는 것 같다. 오히려 그들의 관심은 전산화된 데이터은행이나 네트워크에 대해 외부 즉 미국의 과다한 정보주권의 침해를 어떻게 막느냐에 있다. 컴퓨터를 이용한 데이터정보가 국제적으로 유통

---

35) Eric J. Novotny, "Transborder Data Flows and International Law", p.152, in Hamid Mowlana. *op. cit*, p.100.에서 재인용.
36) Hamid Mowlana, "Political and Social Implications of Communications Satellite Applications in Developed and Developing Countries," in B.D. Rubin(ed.), *Communication Yearbook I*, (Beverly Hills, CA: Sage), 1977, pp.432-433.

되자 유럽의 많은 나라들이 자국의 정치, 경제에 이러한 정보가 미칠 영향을 우려하게 되었다.

국제데이터유통의 方向과 流通量을 종합적으로 측정하는 시도들이 아직까지는 별로 이루어지고 있지 않지만 캐나다, 프랑스 및 스웨덴 등 유럽 국가들은 자기들의 데이터처리 산물과 서비스제공이 지나치게 미국에 의존하고 있으며, 다른 국가들과의 상호 균등한 유통이 없는 상태에서 미국 내에 너무나도 많은 값진 정보가 저장, 집적되어 있다고 주장하고 있다.37) 국제데이터유통이 국가의 중요 자료를 외국으로 유출시킨다는 점에서는 이들의 주장대로 國家의 自主性은 상당히 위협을 받을 가능성이 높아지고 있다. 더욱이 가령 특정상황에서 한 국가가 이용할 수 있는 모든 선택이나 대안에 대한 정보를 추구하는 과정에 있어서 관련정보나 기술을 이용할 만한 능력이나 시설이 낙후되어 정보추구행위에 제한을 받는다면 이는 국가의 자주성을 손상시키게 될 지도 모른다.

한 국가가 자국은 물론 국제환경에 대한 정보가 부족하다는 것은 국가장래에 대한 意思決定能力의 상실을 의미한다. 이런 측면에서 情報時代에서 國家의 自主性의 개념을 '情報의 自主性(Information Sovereignty)'으로 확대해석한다 해도 그리 놀라운 일은 아니다. 정보의 자주성이 상실되면 이는 곧 國家安保의 脆弱性(Vulnerability)의 심화를 의미하게 된다. 예를 들어 컴퓨터망의 고장이나 파업, 혹은 테러 및 정치적 압력 등에 의해서 중요한 데이터를 수입하거나 수출하였을 경우 그 국가와 국민에게 심각한 영향을 끼치게 되고 결국에는 그 국가가 외국의 조정하에 두게 하는 국가안보상 취약성을 안게 된다.38) 데이터의 자유로운 국제유통이 국가주권에 대

---

37) Thomas J. Ramsey, "Europe Responds to the Challenge of the New Information Technologies: A Informatics Strategy for the 1980's," in *Computer/Law Journal*, 1982, Winter, p.144.
38) *Ibid*, pp.149-152.

한 위협이 된다는 것이 국제데이터 논쟁의 주요 관심사로 부각되고 있다. 지리적 또는 공간적 의미에서 규정되어 온 전통적 주권개념이 정보주권의 각도에서 보전되어야 한다는 것이다. 국제데이터유통에 대한 논쟁이 유럽 국가들 사이에서는 자국 시민의 프라이버시를 보호한다는 명분으로 정보주권을 보전하려는 시도로 나타나고 있다. 유럽 국가들이 추구하고 있는 국제데이터유통정책은 '자유로운 정보유통원칙'을 '정보주권'이라는 개념으로 대치하려는 입장이다. 또한 유럽은 국제데이터유통을 정보주권의 핵심적인 자원으로 보고 그것을 국가의 엄격한 통제하에 묶어두려고 하고 있으며, 國際데이터流通을 國家權力의 統制하에 어떤 정보가 유입되어야 되고 또한 어떤 정보가 밖으로 유출될 수 있는가 하는 결정권을 각 국가가 가져야 한다는 입장을 지지하고 있다. 따라서 이 입장은 정보의 출·입을 엄격한 국가통제에 두려고 하는 데 초점을 두고 있다고 할 수 있다. 정보의 자유유통을 신봉해 온 이들 유럽 국가에서 프라이버시보호를 통하여 국제데이터유통의 자유유통을 제한하려는 것은, 국제데이터유통이라는 새로운 국제커뮤니케이션현상이 제기한 국제커뮤니케이션질서의 특징적인 변화의 한 모습이라 할 수 있겠다.

그러나 이와는 대조적으로 제3세계의 국가들은 국제데이터유통에 대해서는 정보주권의 문제를 제기하고 있지 않은 것으로 보인다. 사실상 北大西洋의 유럽 국가들만이 컴퓨터로 처리된 個人情報에 대해 관심을 기울여 왔을 뿐, 대다수 제3세계 국가들은 현재로서는 컴퓨터에 처리된 人的 데이터에 대해 法的裝置를 요하는 따위의 政治的 傳統이나 經濟体制를 갖고 있지 않다.[39]

---

39) H. Mowlana(1986), *op. cit,* pp.101-102.

2項. 유럽의 프라이버시보호法의 現況과 課題

1항에서 살펴본 정보주권적 시각에서 유럽 내 16개 국가들은 프라이버시보호법을 통해 자국국민들의 身上情報에 대한 海外流出을 금지하는 規制措置를 다음과 같이 마련하고 있다.[40]

이상과 같이 유럽 각국에서는 프라이버시보호법을 제정하고 있는데 다음과 같은 사항들이 논쟁의 쟁점이 되고 있다.

---

[40] Rolf T. Wigand et al, "Transborder Data Flow, Informatics and National policies: A Comparison Among 22 Nations" paper presented to ICA Annual convension session, 1983. 5. 28., p.25.

規制와 論爭點 \ 국가	오스트레일리아	오스트리아	벨지움	캐나다	덴마크	핀란드	프랑스	헝가리	아이슬랜드	이스라엘	일본	룩셈부르그	네델란드
A. 規制有形 *(參考)	LP	L	LP	L	L	LP	L	LP	L	L	R	L	LP
B. 保護對象者-自然人	X	X	X	X	X	X	X			X		X	X
市民/居住者(外國人除外)				X									
法人		X	X		X							X	
C. 姓名이 적힌 資料-	X	X	X	X	X	X	X			X		X	X
EDP/ADP MDF	X	X		X	X		X						X
流通/貯藏	X	X			X	X			X		X		X
D. 統制-資料統制當局		X	X	X	X		X						X
登錄/許可		X	X	X			X			X		X	
E. 接近權/反論權	X	X	X	X	X		X		X	X	X	X	X
情報의 自由	X	X		X	X	X	X					X	X

規制와 論爭點 \ 국가	뉴질랜드	노르웨이	포르투갈	스페인	스웨덴	스위스	영국	미국	서독	EEC	COE	OECD	IBI
A. 規制有形 *(參考)	L	L	LP	LP	L	LR	R	L	L	R	R	G	R
B. 保護對象者-自然人	X	X		X	X		X	X	X	X	X	X	
市民/居住者(外國人除外)								X					
法人	X	X									X		
C. 姓名이 적힌 資料-	X	X		X	X		X	X	X		X		
EDP/ADP MDF		X		X					X		X	X	
流通/貯藏				X						X	X	X	
D. 統制-資料統制當局	X		X	X		X			X				
登錄/許可		X				X		X	X				
E. 接近權/反論權	X	X	X					X	X				
情報의 自由		X				X		X	X				

규제와 論爭點	오스트레일리아	오스트리아	벨지움	캐나다	덴마크	핀란드	프랑스	헝가리	아이슬랜드	이스라엘	일본	룩셈부르그	네델란드	뉴질랜드	노르웨이	포루투갈	스페인	스웨덴	스위스	영국	미국	서독	EEC	COE	OECD	IBI
F. 政府의 水準－地方政府	X			X													X		X		X	X				
國家	X	X	X	X	X		X		X	X		X	X	X	X	X	X	X			X	X				
國體					X									X	X				X				X	X	X	X
G. 規制領域(公共)		X	X	X	X		X											X			X	X	X	X	X	
私的領域		X	X		X		X											X					X	X		
自己規制						X																				
H. 司法的罰金							X					X						X								
회생보상															X	X										
자료몰수/파괴			X									X			X											

參考) LP=Legislation pending （審議 중인 法律）
　　　L=Legislation in force　（法律的 强制）
　　　R=Report　　　　　　　（報告書）
　　　G=Guidelines　　　　　（指針案）

첫째, 프라이버시보호법안에 관한 첫 번째 관심사는 보호의 적용범위이다. 위 표에서 나타난 바와 같이 프라이버시보호법안을 갖춘 대부분 국가들은 自然人의 프라이버시를 보호하고 있다. 그러나 外國人의 保護權利는 항상 보장되는 것은 아니며, 캐나다와 같은 나라에서는 단지 內國人에 한해서만 프라이버시를 보호해주고 있다. 여기서 '法人(Legal person)'이란 말은 自然人에 상당하는 혜택과 法的인 힘, 責任 그리고 權利 등이 부여되는 企業이나 會社를 일컫는다. 만약 어느 국가가 자연인과 법인 모두에게 프라이버시보호법을 擴大適用할 경우, 그것은 자연인에 관한 정보를 규제하는 것을 골자로 하고 있는 가령 OECD 지침(Guideline)과 같은 國際協約을 위약하게 되는 셈이다.41) 즉 법인의 정보유출을 금지할 경우 이는 사실상 기업정보의 해외유출을 봉쇄하는 강력한 정보의 統制手段이 되는 것이다.

둘째, 프라이버시보호법 규정에 일단 보호의 범위가 결정된 후에는 어떤 데이터가 유통되고 어떤 데이터의 유통이 금지될 것인가를 검토해야 한다. 데이터유통의 判斷基準을 마련해 주는 것은 그 데이터가 記名데이터(name-1inked data)인가 아닌가를 통해 구별하는 방법이다. 이는 개인이나 법인의 이름, 혹은 이와 관련된 識別番號(ID number)가 기재된 데이터는 프라이버시보호 측면에서 데이터의 국제간이동시에 規制對象에 포함될 수가 있을 것이다. 그러므로 여기에서 프라이버시보호에 포함될 수 있는 데이터를 판별하는 기준은 만약 그 정보가 誤用될 경우 야기될 수 있는 潛在的인 被害나 不法利用의 가능성을 측정해야 하는 것이다. 가령 예를 들면 전화번호와 일반 서적에 기재된 주소 등과 같은 대부분의 일반정보는 프라이버시보호에 해당되지 않는다. 반면에 데이터뱅크에 수록되어 있는 신용 및 종교 관련 정보는 프라이버시법의 보호를

---

41) *Ibid*, p.23.

받게 될 것이다.42)

독일의 Bavaria주의 정보조정관인 Konrad Stollither는 개인데이터를 다음과 같이 5개 차원으로 분류하고 있는데 이와 같은 分類基準에 따라 개인데이터의 유통의 유무가 결정되어야 할 것이라고 주장한다. Konrad Stollither의 분류기준을 제시해 보면 다음과 같다.43)

(1) 保護次元 A: 자유롭게 접근 가능한 데이터, 이러한 데이터의 이용자는 법적인 저촉을 받지 않게 된다.(例: 電話番號, 出版된 會員名簿 등)

(2) 保護次元 B: 오용될 경우 개인의 이익에 중대한 해를 끼칠 수 있는 데이터, 이러한 데이터는 자유로운 이용이 가능하지 않으며, 이 데이터를 이용할 시에는 관계자의 권리에 해를 끼치게 된다.(例: 學位, 冊이나 製品의 이름, 職業明細, 企業情報, 金融關係情報 등)

(3) 保護次元 C: 데이터의 오용으로 관련개인이나 집단의 명예에 해를 기칠 수 있는 데이터.(例: 夫婦關係, 宗敎, 國籍, 軍事情報, 學校의 記錄物, 雇傭, 輸入, 會員情報, 交通違反情報 등)

(4) 保護次元 D: 오용으로 개인의 명예나 그의 경제적 이익에 중대한 해를 끼칠 수 있는 데이터.(例: 健康狀態, 亡命者 情報, 刑事裁判情報, 專門的인 參考情報, 財政情報, 負債 및 倒産情報 등)

(5) 保護次元 E: 오용으로 개인의 건강이나 생명 혹은 자유에 해를 끼칠 수 있는 데이터.(例: 父母에 관한 세밀한 데이터, 刑事事件의 被害者에 關한 情報(가령 目擊者에 關한 情報))이다.

본 연구자의 판단으로는 현재 상용 데이터베이스에서는 공급자와 수용자 사이에 보호차원 B의 정보가 주로 거래되고 있는 것으로 추정된다.

---

42) Transnational Data Reporting Service Inc., *Transnational Data Report*, 1980, p.17.
43) Konad Stollreither, "Technical and Organization Security for Data Protection", *Ibid.*, pp.9-10.

48

데이터베이스를 이용하는 공급자나 수용자의 입장에서는 보호차원이 높을수록 정보의 상품가치가 상승할 것이다.

셋째, 일반적으로 국제데이터유통의 일종인 自動情報處理시스템(ADP: Automated Data Processor 또는 EDP: Electronic Data Processor)은 受動式資料處理시스템(MDP: Manual Data Processor, 테이프, 디스크, 우편 등)보다 데이터가 오용될 가능성이 훨씬 높다. 왜냐하면 自動情報處理시스템은 소형기계에 다량의 정보를 저장할 수가 있고 수동식보다도 더욱 신속하게 접근이 가능하기 때문이며 또한 그것은 지상이나 위성, 혹은 전파 등을 통해 세계 어느 곳이든 모든 단말기와 데이터뱅크에 정보의 송출이 가능하기 때문이기도 하다.44)

그러므로 기명의 데이터를 전자식으로 전송할 때에는 프라이버시나 데이터의 보호를 받게 되지만 그것이 만약 수동식으로 전송될 때에는 프라이버시 保護對象에서 제외되는 경우가 상례이다. 그러므로 개인데이터에 관한 規制法을 갖추고 있는 대부분의 국가에서는 ADP 부분에 대한 규제에 보다 주력하고 있는 실정이라 하겠다.

넷째, 데이터에 대한 接近(反論)權을 어느 정도 보장해 줄 것인가 하는 문제가 검토되고 있다. 개인은 누가 그에 관한 정보를 소유하고 있으며, 또 타인이 소유한 개인 정보의 특성이 무엇인가 하는 점을 확인할 권리가 있다. 데이터의 이용이나 내용에 대해 접근하거나 또는 저장된 개인정보에 대해 반론을 제기할 수 있는 개인의 권리가 보장되어야 할 것이다. 데이터의 접근과 반론권은 각 국가의 정보자유와 관련된 法規의 수준에 따라서 결정될 것이다.

현재 많은 유럽 국가들이 프라이버시보호와 개인의 데이터 법안들을

---

44) Rolf T. Wigand, "Direct Satellite Broadcasting: Selected Social Implications", in M. Burgoom(ed.), *Communication Yearbook 6*, (Beverly Hills, CA: Sage), 1982, p.259.

채택하고 있지만 이러한 규제내용과 그것의 배경을 이해하는 데에는 매우 복잡하고 어려운 문제가 제기된다.45) 예를 들어 개인에 관한 보다 많은 정보가 컴퓨터에 입력되고 있는 현 상황에서 과연 어떠한 프라이버시보호법을 갖추어야 하는가? 그리고 이러한 개인에 관해 수집된 그릇된 정보를 시정하기 위해서는 그가 어떤 권리와 보호를 받게 되는가? 하는 등의 의문을 갖게 된다. 더욱이 그러한 정보가 한 나라에서 수집되어 다른 나라의 기업이 소유하고 있는 위성통신망을 경우하여 전송되어 그것이 다시 제3국에서 처리되고, 그리고 또 다른 제4국에 저장된다고 가정한다면 문제는 더욱 복잡해진다. 즉, 일단 데이터가 국경을 넘어섰을 경우, 국내의 프라이버시보호법과 安全策들이 實效를 발휘할 수 있을지가 의문인 것이다. 따라서 이런 경우 어떤 사법적 조치가 강구되어야 하는가? 그리고 설사 규제조처가 있다손 치더라도 어떤 종류의 規制方案이 국제적인 수준에서도 强制力을 가질 수 있는가 하는 등의 의문이 제기될 수가 있다. 이와 같이 국제데이터유통에 있어서 개인에 관한 名譽毀損문제는 매우 복잡한 성격을 띠고 있다는 점에서 일부 국가들은 이러한 문제들을 해결할 수 있는 '國際情報裁判所'와 같은 조정기관을 설치할 필요가 있다고 주장하기도 한다.46)

그러나 이와 같은 상황이 정보의 자유유통과 국가의 自決權, 그리고 외부의 원치 않은 정보로부터 국민을 보호할 수 있는 국가의 권리(情報主權) 등에 관한 관심과 토론을 증대시켜 줄 것으로 보인다.47)

---

45) OECD ICCP 委員會 報告書, *op. cit.*, p.123.
46) TDF News, *OECD Guidelines in the House Stretch*, 1979. 1(7). p.1.
47) Cees J. Hamlink, "Informatics: Third World Call for News Order", in *J. O. C.* 1979, 29(3), p.146.

3項. 國際機關의 國際데이터流通에 관한 프라이버시保護 論爭

원래 개인의 프라이버시보호는 개인의 人格權保護라는 측면에서 비롯되었지만 오늘날 유럽에서는 이를 정보 주권의 개념으로 확대하고 있는 것이다. 나라마다 개인의 프라이버시권이 서로 다르고, 또 유럽에서는 이를 정보주권이라는 명목으로 오히려 정보의 자유유통에 대한 제한 조치로 활용하고 있기 때문에 데이터의 자유유통을 주장하는 미국과 분쟁이 발생하였고, 이 분쟁이 국제기구로 하여금 國際的 基準을 설정하도록 촉구하게 되었다. 그 대표적인 예가 1980년 OECD의 〈프라이버시보호와 개인데이터의 국제유통에 관한 지침〉인데, 24개회원국 중 18개 회원국 정부들이 이를 채택했다.48) OECD의 지침은 구속력이 없고 국제데이터유통에 부당한 장애를 초래하지 않을 잠정적 기준을 마련하는 데 있었다. 1980년 9월에 작성된 OECD의 指針案(Guideline)은 상세한 규정을 담고 있는데, 이 지침안의 근거를 이루는 기본적인 특징 2가지가 있다. 첫째, 데이터, 프라이버시에 대해서 基本原則을 실현하고 확보하기 위해서는 公權力에 의한 규제뿐 아니라 데이터 이용자의 自主規制로 달성해 가고자 하는 인식이다. 이를 위해 의도적으로 指針案(guideline)이라는 제목을 붙이고 있다. 둘째, 이와 같은 자주규제, 가이드라인이라는 형태가 된 것은 OECD중에서 미국이 상당히 강하게 주장한 결과이다. 그 指針案이 채택된 배경에는 데이터통신, 또는 데이터처리에 관련된 미국계의 다국적기업이 유럽의 데이터보호법제 때문에 국제데이터유통의 자유화가 저해될 지도 모른다는 인식을 하고, 정부에게 압력을 가힌 것이 그대로 반영되었다는 사실을 주목할 필요가 있다.49)

그러나 이와 같은 潛定的 合意가 별다른 실효성을 이루지 못하게 되자

---

48) Rolf T. Wigand et al, (1983), *op. cit*, p.75.
49) *Ibid*, p.113.

미국은 이 지침서에 만족하지 못하고 데이터의 자유유통을 추구해서 1982년에 ICCP위원회 국제데이터유통 專門家會議에서 「데이터선언」을 제안했다. 이 선언안은 처음에는 時期尙早라고 인식되어 채택은 되지 않았으나, 그 후 1985년 갖가지 논쟁의 결과 마침내 데이터 선언이 채택되었다. 이 데이터선언이 채택되기까지 미국과 유럽의 논쟁은 주로 데이터 선언 그 자체의 성격과 대상영역을 둘러싸고 행해졌다. 미국은 국제데이터유통의 자유유통원칙에 관한 각국의 정치적 표명이 「데이터선언」의 역할이라고 주장했지만 이와 같은 주장에 대해 선언은 어디까지나 OECD 각국이 부정할 수 없는 사실을 열거한 것뿐이라는 반론을 제기하는 나라도 많았다. 이들 논의의 배경에는 데이터 선언의 對象領域을 둘러싸고 국제데이터유통 그 자체의 정의를 우선 명확히 해야 한다는 의견과 OECD 성격상, 法的問題는 심의할 수 없으며 또 텔레비전, 매스미디어 등도 그 대상으로 해야 한다는 등 갖가지 의견이 쇄도했다. OECD의 각 국가들은 국제데이터유통에 관한 어떤 합의가 필요하다는 점에서는 일치하고 있지만 데이터선언이 채택된 이후에도 미국과 유럽 같은 참가국 사이에 국제데이터유통을 둘러싼 논쟁은 계속 진행되고 있다. 이 논쟁의 핵심은 개인데이터의 취급에 있어서 蒐集制限, 目的의 明確化, 利用制限, 安全保護, 公開, 個人參加 등을 義務化하는 동시에 그 국제적 유통에 있어서는 他國에의 配慮, 自由流通, 合法的制限을 상호 인정하자는 것이다.50)

---

50) 日本郵政省報告書, *TDF ウオース*, 1985. 4, pp.134-136, Rolf T. Wigand et al(1983), *op. cit*, pp.20-28.를 참조.

〈참고: 1982, 1985년 OECD의 국제데이터유통 선언의 원칙〉51)

OECD는 개인프라이버시권을 보호하려는 각국의 입법추진에 대해 다음과 같은 권고사항을 결의하였다.

(1) 蒐集制限의 原則: 개인데이터의 수집에는 제한을 두어야 하며 어떤 개인의 데이터도 적법, 공정한 수단에 의하며, 경우에 따라서는 데이터의 주체에 알리거나 또는 동의를 얻은 후에 수집되어야 한다.

(2) 데이터質의 原則: 개인데이터는 그 이용목적에 알맞은 것이어야 하며, 이용목적에 필요한 범위 내에서 정확하고 완전한 최신의 것이어야 한다.

(3) 目的明確化의 原則: 개인데이터가 수집되는 목적은 수집될 때에 확정되지 않으면 안 되며 또 그 후의 데이터이용은 본래의 수집목적을 달성하는 데 한정되지 않으면 안 된다.

(4) 利用制限의 原則: 개인데이터는 데이터의 대상인 본인의 동의 또는 법률의 수권이 있을 경우를 제외하고는 (3)항에 명시된 목적 이외에 제공되거나 그 밖의 이용에 제공되어서는 안 된다.

(5) 安全保護의 原則: 개인데이터는 분실 또는 부당한 엑세스, 파괴, 이용, 수정제공 등의 위험에 대비하여 합리적인 안전보호장치에 의해 보호되지 않으면 안 된다.

(6) 公開의 原則: 개인데이터에 관한 개발, 운용 및 정책에 대해서는 일반적으로 공개방침이 취해지지 않으면 안 되며 또 개인의 데이터의 존재, 성질 및 그 주요한 이용목적, 데이터 관리자의 신원, 근무소재지에 대해 쉽게 알 수 있는 방법이 마련되어야 한다.

---

51) UNCTC報告書, *op. cit.*, 부록참조.

> (7) 個人參加의 原則: 개인은 자기에 관한 데이터가 존재하는가 여부
>   에 대해 데이터 관리자에게 확인을 요구하는 일, 자기의 데이터
>   를 합리적인 기간 내에 과도하지 않은 비용으로 합리적인 방법에
>   의해 이해하기 쉬운 형태로 열람하는 일, 그 청구가 거부된 경우
>   는 그 이유를 제시받는 일, 자기에 관한 데이터에 대해 시비를
>   가려서 그 데이터를 삭제, 수정, 보정시키는 일이 가능하다.
>   물론 이와 같은 권고안은 말 그대로 권고안이기 때문에 각국의 규
>   제접안에 구체적으로 반영되지 못하고 있는 실정이다.

그러나 OECD의 국제데이터유통 선언에도 불구하고 계속 유럽은 정보주권의 명목아래 데이터, 프라이버시보호를 실제로 규제하거나 허가제를 계속 유지해 나가고 있으며, 미국은 데이터의 자유유통원칙을 일관되게 고집하고 있다. 이 단계가 되면 프라이버시보호는 단순히 개인의 인권문제나 정보주권문제에 그치지 않고, 국가의 對外政策의 국면으로 옮아간다. 이들 나라에서 나온 각종 국제데이터유통에 관한 보고를 보면, 데이터는 경제적인 가치가 있으므로 자국의 시장과 관련사업을 지배할 국제데이터유통에 대해 그 대항책으로서 정보주권개념을 보강해야 한다고 주장하고 있다. 이와 같이 데이터, 프라이버시에 대한 西歐諸國의 國內立法은 規制的인 特徵이 강하게 되어 있어, 단순히 국내에 있어서 정보주권이나 안전보장을 강조하는 것뿐만 아니라, 국내 데이터의 보호수단으로서 또는 자국의 정보산업보호를 위한 대외명분으로 이용되고 있다. 특히 오늘날 프라이버시보호법안은 보호무역주의의 목적에 이용될 가능성이 높아지고 있는데 그것은 국제데이터유통에 대한 규제의 실질적인 효과는 무역규제의 의도와 다를 바 없기 때문이다.52)

---

52) Timothy G. Donovan, "Data Protection's Many Tentacles," *Paper presented at the*

第3節 國際데이터流通 論爭을 통해
본 國際情報秩序의 變化

앞에서 살펴본 국제데이터유통을 둘러싼 각국의 논쟁을 보면 국제데이터유통이라는 새로운 테크놀로지와 국제커뮤니케이션 활동은 기존의 國際情報秩序를 다음과 같이 變貌시킬 것이라는 전망을 해 볼 수 있겠다.

첫째, 국제뉴스유통은 주로 第1世界와 第3世界 간의 갈등이 논쟁의 관심사가 되고 있지만, 국제데이터유통은 第1世界 국가들(北—北 問題), 第1世界와 第2世界(東—西問題), 第1世界와 第3世界(南—北問題)와의 갈등을 포함한 복합적인 갈등구조이며, 특히 미국과 유럽(북—북문제) 간의 갈등이 프라이버시보호 논쟁을 통해 첨예하게 드러나고 있다. 제3세계는 아직도 상당수가 국제데이터유통을 유입할 만한 下部構造(infrastru- cture)가 충분히 구성되지 않아서 선진개도국을 제외하고는 국제데이터유통 논쟁에 적극적이지 않은 것으로 보인다. 국제데이터유통이 사실상 방향과 양에서 선진지역 간에 더욱 많이 일어나고 있으며, 국제데이터유통 기반설비가 부족한 抵開發國에서는 실제로 국제데이터유통에 대한 접촉도가 낮기 때문에 제3세계 국가만이 일방적으로 국제데이터유통의 침해를 당하는 것이라고 해석하기는 어렵다고 할 수 있다. 또한 UNCTC 보고서[53]의 지적대로 국제데이터유통과 관련하여 관심을 끄는 것은 東—西流通이 확대되고 있다는 사실이다. 지금까지는 中央統制式의 동구와, 서구의 市場經濟國 간의 국제데이터유통은 항공예약과 지상에 관한 정보교환에 국한되어 있었

Computer Privacy and Security Symposium, Top Secrets 1981, (Phoenix, AZ: Honeywell Information Systems, Inc.), 1981.
53) UNCTC, *op. cit.*, p.63.

다. 그러나 최근의 경우에는 동구와 서구 사이에 과학연구에 필요한 데이터를 이용할 목적으로 국제데이터유통 네트워크가 개설되고 있다. 이는 이 분야에서 관문기능을 담당해 온 오스트리아 룩셈부르크시에 소재하고 있는 국제 재정연구기관인 IIASA(International Institute for Applied Systems Analysis)에 의해 수행되었다.

IIASA는 TELENET와 TYMNET 통신망, 비엔나에 있는 국제원자력연구소(International Atomic Energy Analysis)의 데이터베이스센터, 이태리의 프라스카티에 있는 유럽우주국(European Space Agency)의 데이터베이스센터, 헝가리의 부다페스트에 있는 컴퓨터자동화연구소(Computer and Automation Institute) 그리고 모스크바에 있는 시스템연구소(Institute for System Studies)를 연결시키고 있다. EURONET와의 연결은 현재 진행 중에 있으며 불가리아와의 연결도 가까운 장래에 계획되고 있다. 이렇게 컴퓨터 통신망(항공, 기상, 과학, 데이터베이스)이 일부 사회주의국가들에게까지 연결되면, 국제데이터유통의 하부구조의 급속한 증대에 기여하게 될 것이다. 그리고 이러한 통신망은 온라인 처리능력을 갖춘 국제데이터시장의 기초가 되고 있으며 국제데이터유통논쟁을 전 세계적인 논쟁으로 확대시킬 가능성을 내포하고 있는 것이다. 따라서 국제데이터유통논쟁은 미국과 유럽, 즉, 제1세계 간의 논쟁이 주류를 이루는 가운데 향후 하부구조를 갖추게 되는 제3세계가 가세된다면 국제정보질서운동에서 제기된 남-북간의 문제뿐만이 아니라 다각적인 국제정보질서구조로 변모할 것이다.

그러므로 국제데이터유통의 방향을 다음과 같이 가상했던 커뮤니케이션 학자들의 주장은 본 연구자의 관점에서는 다음과 같은 몇 가지 문제점을 지니고 있다고 생각한다.

(1) 이 두 국제데이터유통 모델은 주로 자료저장시스템인 데이터베이스유통을 전제로 구성한 것 같다. 특히 Schiller는 국제데이터유통의 대부분을 정보전송시스템으로 간주하면서도 자신의 국제데이터유통 모델은

56

데이터베이스를 상정해서 설명하는 모순을 가지고 있다.

　(2) 미국과 선진제국과의 국제데이터유통의 방향은 상호적이 아니라 미국에서 선진제국으로 흘러가는 一方的流通이라 할 수 있다. 그런 의미에서 Mowlana의 모델보다는 Schiller의 모델이 미국과 유럽의 데이터베이스유통을 설명하는 데 보다 더 적합할 것 같다.

<그림-1> H. Mowlana,[54] Novatany의 모델

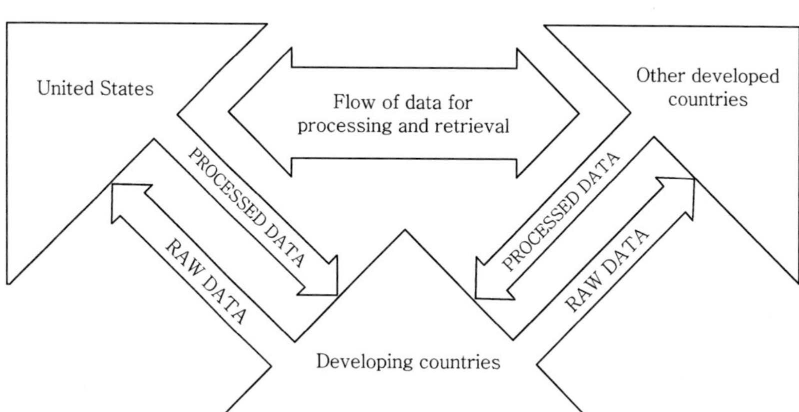

---

54) H. Mowlana (1986), *op. cit.*, p.100.

〈그림-2〉H. Schiller[55]의 모델

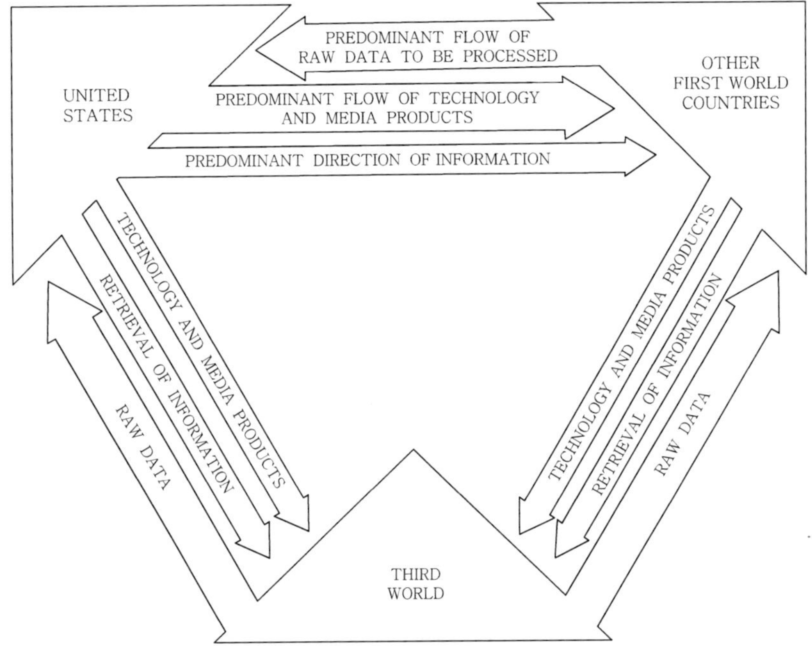

(3) 유럽과 제3세계의 데이터베이스 유통관계에서 유럽은 주로 제3세계의 원자료(raw data)를 얻는 것으로 두 모델들은 설명하고 있지만 데이터베이스에 수록된 정보가 科學·發展情報라는 점을 감안한다면 제1세계는 주로 미국 또는 제1세계 국가 상호간에 원자료(raw data)를 얻을 것으로 추정된다.

(4) 따라서 위에서 제시한 두 모델은 주로 제3세계의 정보종속현상을 의도적으로 제시하려는 것이기 때문에 세계적인 국제데이터유통현상을 포괄하는 모델로는 부적합하다고 판단된다.

둘째, 국제관계나 국제커뮤니케이션 현상을 분석하는 패러다임은 크게

---

55) H. I. Schiller, *Who Knows: Information in the Age of the Fortune 500*, (Norwood, N. J. Ablex Pulishing Corporation),1981, p.6.

58

세 가지로 분류되고 있다.56) (1) 理想主義 傳統으로서 서방세계 특히 앵글로색슨의 自由主義 傳統을 계승하여, 서방민주주의이론을 평화정착의 방편으로 보는 한편, 그리고 독재정치를 전쟁의 원천으로 본다. 이상주의 관점에서는 한 국가가 어떤 국제질서 속에서 정치적 혹은 경제적 이익의 획득여부는 국제체제나 국제관계의 역학에 달려있는 것이 아니라, 그 국가의 정책과 행동여하에 달려있다고 주장한다. 또한 국제관계의 통상적인 전제는 근본적으로 調和와 均衡 속에서 모든 참여자가 이익을 얻을 수 있다는 견해다. 경제적으로는 A. Smith의 '보이지 않는 손'에 의한 조화와 균형의 원리, 그리고 David Ricardo의 比較優位에 입각한 무역의 이점을 강조한다. 즉 한 국가의 정치, 경제적 성장과 효율성은 국가 간 문호의 相互開放과 비교우위에 입각한, 生産의 專門化, 分業化, 協力化体制가 확립될 때 이룩된다는 것이다. 정보의 자유유통원칙은 이와 같은 이상주의 패러다임에서 비롯된 것이라 할 수 있다. 그러나 (2) 急進主義 視角은 이상주의 또는 자유주의 시각과는 전혀 다른 관점에서 출발한다. 즉 국제관계는 바로 帝國主義와 植民地와의 갈등관계로 보며, 경제관계는 한쪽의 득이 다른 한쪽의 실을 가져오는 제로－섬 게임(Zero-Sum Game)으로 파악된다. 이 접근방법은 K. Marx, Lenin의 이론에서 그 근원을 찾을 수 있겠다. 이 접근방법은 주로 국제관계를 현상보다는 그 밑바닥에 깔린 경제적 세력의 利害關係속에서 파악하려 한다. 빈곤한 개발도상 국가들이 외국의 상품과 자본 그리고 커뮤니케이션에 대해 문호를 개방하려고 시도하려는 노력은 선진국과의 경제 규모와 능력의 차이가 심각하다는 점에 비추어 볼 때 제국주의의 시장침투라는 결과만 초래한다고 본다. 이와 같은 급진적 시각은 제3세계의 신국제정보유통질서운동에 대한 이론적 근거를 제시한 것으로 보인다. (3) 現實

---

56) 이하는 박경서, 〈國際政治經濟論〉, (서울: 法文社), pp.1-143. 및 H. Mowlana, op. cit., 1986, p.100. 참조.

主義傳統이라고 알려져 있는 이 접근방법은 세계 제2차 대전의 직접적인 결과로서, 이상주의와 급진주의를 모두 비판하고 한다. 이 접근방법의 基本命題는 국제관계에서 힘을 중시하고 있다. 국제관계는 곧 權力政治로 간주된다. 현실주의 전통은 국내정치와 국제정치를 구분지어서 국제관계에서 民族國家 또는 意思決定權者들이 가장 중요한 행동의 주역이라고 보고 있다. 이 접근방법은 국제관계에 대한 과학적인 이해를 촉진하기 위해서 커뮤니케이션, 社會心理, 言語學 및 기타 行動科學的인 모델들을 개발하고 있다. 이 연구는 '어떠해야 한다'는 당위적인 관점이 아니라, '현재 어떠한가' 하는 현실파악에 보다 관심을 두고 있다. 경제정책에 있어서는 국가는 국제간의 경제관계를 관장해야 하며, 정부가 국민경제에 개입해야 하는 것을 당연시하고 있다. 국가는 국제경제의 통합현상이 자동적으로 자국의 경제정책을 좌우하도록 방치해서는 안 되며, 오히려 타국의 경제정책과 경제문제로부터, 자율적으로 자국의 경제이익을 보호하기 위해 의도적인 정책을 펴나갈 때, 실질적으로 자국의 경제목표를 가장 잘 성취할 수 있다고 주장한다. 이와 같은 현실주의의 경제정책을 重商主義라고도 한다.

지금까지 설명한 이상주의 전통 또는 자유주의 시각이 주로 국제주의(internationalism)를 신봉하는 世界人으로의 指向性(cosmopolitan orientation)을 가지고 있다고 한다면 현실주의 패러다임은 國家利益만을 생각하는 民族主義者的 指向性(nationalist orientation)을 갖고 있다고 할 수 있다.

지금까지 약술한 세 가지 패러다임을 고려하면서, 현존의 국제커뮤니케이션 논쟁을 되돌아보면 제1세계가 주창하는 정보의 자유유통원칙은 이상주의 패러다임을 제3세계가 주창하는 정보의 균형 있는 흐름의 원칙은 급진주의 패러다임을 각각 따르고 있다고 하겠다.

그러나 앞으로 전개될 국제데이터유통논쟁은 국가 간의 이상주의의 전통과 맥락을 같이 하는 정보의 자유유통원칙이나, 급진주의 패러다임을 이론적 배경으로 하고 있는 신국제정보질서운동과는 그 패러다임이 다르며 현실주의 전통에 접근하는 경향을 보이는 것으로 판단된다. 즉 유럽의 경우는 뉴스유통과정에서 정보의 자유유통원칙을 주장하지만, 국제데이터유통에서는 정보의 주권을 주장하는 것이나, 정보의 자유유통정책을 비판하던 제3세계가 科學情報, 發展情報에 관해서는 정보의 接近權 또는 정보의 자유유통원칙을 적용하려는 경향은 현실주의 전통을 보여주는 구체적인 실례들이라 하겠다. 즉 국제데이터유통논쟁의 現住所는 기존의 국제정보질서논쟁에서 보여준 예컨대 정보의 자유유통원칙이나 정보의 균형 있는 흐름과 같은 일관된 원칙을 따르고 있는 것이 아니라 자국의 현실적인 政治, 經濟的 利害를 강하게 반영할 것으로 예견된다. 따라서 국제데이터유통의 技術与件, 內容, 그리고 유통되는 데이터의 特性에 따라서 각 국가마다 커뮤니케이션 秩序의 性格이 다양하게 전개될 것으로 전망된다.

셋째, 신국제정보질서 가설의 논리적 근거는 J. Galtung의 제국주의 이론에서 직접적으로 찾을 수 있다. 그는 커뮤니케이션 帝國主義, 文化帝國主義 등 신국제정보질서운동의 논리적 근거가 되고 있는 여러 가지 명제들을 도식화함으로써 이 운동에 추진력을 크게 부여한 것으로 평가된다.57) Galtung은 그의 '帝國主義 構造論'에서 이 세계는 中心部와 周邊部로 구성되어 있으며, 중심국과 주변국의 교환의 형태에 따라 제국주의를 정치적, 군사적, 경제적, 커뮤니케이션 및 문화적 제국주의의 다섯 가지로 분류하고 있다. 이 중 국제정보질서운동에 직접적 논리를 제공하고 있는 것은 물론 문화제국주의 및 커뮤니케이션 제국주의이다. Galtung은 이 두 가지 형태의 제국주의는 제국주의 역사발전과정에서

---

57) 秋光永, 前揭論文, 金晋均(外), 前揭書, p.250.

가장 현대적 형태이며 동시에 미래 제국주의의 기본이 되기 때문에 중요하다고 주장한다. Galtung은 커뮤니케이션 수단의 발전이 제국주의의 유형을 바꾸어 놓을 것이라고 보고 국제커뮤니케이션 수단이 앞으로 世界構造에 중대한 영향을 끼치게 될 것임을 예시하고 있다. 즉 그는 과거 제국주의는 식민주의의 형태였고 오늘의 제국주의가 新植民主義的 형태인데 이때 국제관계의 相互交涉 또는 統制手段은 커뮤니케이션이라는 것이다.58) 국제데이터유통을 설명하는 데 있어 Galtung의 이와 같은 커뮤니케이션 제국주의 패러다임을 그대로 적용하고 있다고 보여 지는 Schiller의 이론은 정보전송시스템을 통한 다국적기업의 해외진출이라는 측면에서는 향후에도 국제데이터유통연구에 중요한 기준틀을 제시해 줄 것으로 보인다. 즉 Schiller는 데이터의 국제간 유통이 선진제국의 제3세계에 대한 커뮤니케이션 제국주의이며, 또한 이 커뮤니케이션 제국주의는 세계정치, 경제적 이해관계의 맥락에서 파악되어야 한다는 그의 주장은 국제데이터유통의 본질을 이해하는 데 매우 유용한 시사점을 제시하고 있다고 판단된다. 그러나 데이터베이스의 경우 그 정보의 속성이 대부분 발전정보인 것을 감안해 볼 때 제3세계의 데이터베이스유통의 경우엔 정보의 '從屬的 發展' 또는 '聯合從屬모델'이 더 타당한 이론적 준거틀로서 가능할 것이다.

넷째, 1970년대 이후 국제정보질서와 국제경제질서논쟁은 국제적인 협상의 주요 문제로 제기되었다. 이른바 非同盟國家를 중심으로 한 제3세계의 발언권이 높아지면서 제3세계는 新植民主義에서 탈피하고 자신들의 正體性을 확립하기 위해서는 우선적으로 新國際情報秩序와 新國際經濟秩序의 수립을 요구했다. Cees J. Hamlink는 "정보와 매스커뮤니케이션의 새로운 국제질서는 새로운 경제질서만큼 중요하다. 新情報秩序論爭은 새

---

58) 金永錫, 前揭書, p.15.

경제질서출현에 크게 기여했다"고 강조하면서 신정보질서와 신경제질서는 첫째, 유통의 방향 측면에서 一方的流通(unidirectional)에서 相互交流적인 方向(multidirectional)으로 둘째, 自民族中心主義(ethnocentric)에서 多元的으로 (pluralistic)으로 셋째, 受動的인 參與(receiver's passivity)에서부터 能動的 參與(active participation)로 넷째, 支配的인 多國籍 影響(dominant transnational influence)에서, 國家間 均衡(multinational balance)으로 그 방향을 전환했다는 점에서 또한 그 질서의 궁극적 목표가 從屬關係의 淸算, 經濟秩序의 再構成, 民族自律性의 保障이라는 점에서 공통점을 보유하고 있다고 보았다. 즉 이 질서는 70년대 후반의 제3세계의 발전모델로서 自力更生(self-reliance) 모델이 개발된 후부터라고 할 수 있다는 것이다. 즉, Cees J. Hamlink는 신국제정보질서나 신경제질서가 기존의 서구 중심의 統合모델(Integration Model)을 부정했다는 점에서 그 공통점을 찾고 있는 것이다.59)

이와 같이 지금까지 新國際情報秩序運動을 비롯한 국제커뮤니케이션논쟁에서 국제커뮤니케이션질서와 국제경제질서와의 상호관련성에 대한 원칙론은 계속 표명되어 왔지만 실제로 국제적 토의에서 구체적인 이슈를 놓고 커뮤니케이션질서와 국제경제질서문제와의 관련성을 검토하지는 못했고 따라서 신국제정보질서운동에서 제기한 뉴스유통, 방송, 광고 등은 정보유통을 촉진하거나 또는 정보유통을 사실상 저해하는 경제조치나 제재방안을 마련하지 못하고 있는 실정이다. 이는 한편으로는 신국제정보질서운동의 국제무대가 유네스코나 비동맹회의 등 비경제전문기구에서 이루어져 왔기 때문이라고 판단된다. 그러나 이제 국제데이터유통논쟁은 유네스코나 비동맹회의에서 보여주었던 文化規範論爭을 지양하고 GATT나 UNCTAD 등 국제경제기구에서 국제무역분쟁으로 전환하고 있는데 이는

---

59) Cees J. Hamlink, *Cultural Autonomy in Global Communications: Planning National Information Policy*, (New York: Longman), 1983. pp.87-98.

국제커뮤니케이션 질서의 문제가 국제경제질서의 논쟁과 실질적 이슈 (pragmatic issue)를 놓고 결합하고 있다는 사실을 극명하게 보여주는 사례라고 볼 수 있다.

앞에서 살펴본 바대로 국제데이터유통정책이 형성되어 온 지난 10여 년 동안에 국제데이터유통의 문제는 처음에는 인권, 프라이버시보호 측면이 강조되었지만, 최근에 와서는 국제데이터유통논쟁의 저변에 새로운 형태의 국제적인 經濟紛爭이 혼재하고 있음을 전제하고 각 국가는 국제데이터유통의 경제적 권익보호에 관심을 집중하고 있다.

따라서 프라이버시보호법에 대한 관심은 점점 사라지고 대신에 전 세계의 정보산업에 대한 保護貿易主義와 주요 다국적기업의 국제시장 독점 현상에 대한 관심이 증대하고 있는 실정이다.

더욱이 국내데이터유통이 경제적인 권익을 둘러싼 국제적인 분쟁이니만큼, 그 해결은 단순히 國內法制의 정비에 멈추지 않고 관계국 간의 교섭 또는 국제기관에 의한 조정을 필요로 하고 있다.

국제데이터유통의 경제적 측면을 규제하기 위해 〈관세와 무역에 관한 일반협정〉(GATT)을 적용하도록 제안되어 왔다. GATT는 그의 受任事項을 확대해서 "국제적 데이터유통을 포함하여 새로운 무역상의 쟁점들을 수용 가능한 신축성 있는 다변의 장" 구실을 할 수 있다고 사람들은 믿고 있다. 일부 데이터의 '자유유통' 제창자들은 국제데이터유통에 대한 국제협정이 정보의 자유유통을 제한할 것이라고 우려하고 있지만, 대부분의 국가들은 정보의 국제적 교역을 촉진, 도모하기 위해서는 多邊的 協定이 필요하며 각 국가별로 상이한 데이터유통에 대한 규칙과 규정들의 다양성에서 생겨나는 어려움을 해결하기 위해서는 GATT에서 유연한 분쟁해결 규칙과 '폭넓은 틀'을 마련하는 방법이 세계 최대이익을 보장하게 될 것이라고 판단하고 있다.

GATT(關稅와 貿易에 관한 一般協定)는 국가 간 무역협정을 감독하는 데, 현재로서는 이 GATT에서 조차도 無形貿易(情報)에 대해서는 국가 간의 보이지 않는 장벽을 다룰 규칙이나 절차가 준비되어 있지 않다.[60]

그러나 각국은 GATT를 통해서 국제데이터유통에 대한 보호무역주의의 입장에서 펼치는 關稅障壁이나 非關稅障壁을 제거해야 하며 GATT의 기본정신을 정보의 유통원칙에도 적용해야 한다는 주장을 제기하고 있다. 이러한 인식의 전환기에는 관념적 이데올로기적인 의미는 완전히 후퇴하고 극히 구체적인 경제전략의 문제라든지 각국의 국내제도에 관련된 문제로서 더 구체적인 제안과 주장이 거론되고 있는 것이다.

현재 GATT의 우루과이라운드에서 전개되고 있는 협상내용 중 국제데이터유통문제와 관련이 있다고 보여지는 서비스협상내용을 보면 미국, EC 등 선진국은 GATT의 권한을 확대하여 뉴라운드협상에서 서비스 등 새로운 분야를 포함할 것을 주장하고 있다(한국도 동조). 그러나 강경개도국은 GATT의 권능을 부인하고 서비스무역이 협상대상에 포함되는 것을 반대하고 있다. 선진국은 서비스무역도 일반상품과 같은 거래(transaction) 개념으로 확대해석하려고 하며 개도국은 서비스무역 자유화에 방어적, 소극적 입장을 취함으로써 서비스의 자유유통을 반대하는 입장을 취하고 있다. 이상과 같은 뉴라운드의 전개방향과 협상안은 향후에는 국제데이터유통에 실질적인 國際規則이나 기준으로 적용될 것 같다.

다섯째, 정보의 유통을 규제하려는 유럽이나 일본, 또는 선진개도국에

---

60) 情報貿易(information trade)은 다른 유형의 재화나 서비스의 교역과는 다른 독특한 성질이 있다. 첫째, 정보에는 물리적인 구조물이 없다. 둘째, 정보는 사용자로 하여금 경쟁자에 대한 우위를 부여하기 때문에 매매되는 것이다. 셋째, 양국 혹은 다국에서 양자 혹은 다자간의 계약위에서 교역되는 것은 소유권이 있는 정보이다. 넷째, 정보의 가치는 주어진 시점에서 희소성에 의해 좌우된다. 이런 이유들로 인해 정보무역의 팽창은 컴퓨터화된 데이터의 유통에도 적용되어 국가 간 교역문제를 비롯한 국제경제구조의 재조정을 필요로 한다.

서는 뉴스유통이나 광고, 영화 등의 국제적 유통에서 제기된 文化從屬의 문제는 크게 제기되지 않는 것으로 보인다. 이는 국제간에 유통되고 있는 데이터정보는 그 속성상, 기업 간에 상호 전달하는 메시지이거나 선진국의 호스트 컴퓨터에 저장된 정보, 또는 데이터베이스에 저장된 과학, 학술정보로 구성되어 있기 때문에 文化規範에 대한 시비는 약한 것으로 보인다. 문화규범에 대한 일부 국가의 항의는 정보의 유통을 규제하려는 전략으로 이해되고 있을 뿐 그 전략적 가치는 별다른 성과를 나타내지 못하고 있으며 국제간의 논쟁에 있어서도 크게 주목을 받지 못하고 있다. 다만 프랑스와 같은 일부 국가에서 데이터베이스에 의한 자국의 문화종속문제를 제기하고 있으나, 사실상 유럽제국이나 제3세계 국가에서는 데이터베이스에 대한 문화종속에 관해서는 별다른 우려를 표명하고 있지 않다. 따라서 국제데이터유통을 신국제정보질서운동에서 제기된 문화종속의 차원에서 이론을 전개하는 일부 커뮤니케이션 학자들의 견해는 크게 잘못된 것이라 할 수 있다.[61]

여섯째, 신국제정보질서운동에 있어서 또 하나의 중요한 이념적 분석 틀과 추진력을 부여해 준 것은 '커뮤니케이트권' 이론이다.[62] 신국제정

---

61) 프랑스에서는 1976년에 지스카르 데스텡(Giscard d'Estaing)대통령이 프랑스의 전체적인 정보통신구조에 대해 포괄적인 재검토를 지시한 바 있는데, 그 결과로서 1978년에 "노라와 밍크 보고서(Nora&Minc Report)"가 출간되었다. 이 보고서는 데이터베이스에 의한 문화종속의 문제를 제기하고 있다. 이 보고서에서는 "정보는 그 조직 및 저장방식과 분리될 수 없다. 이는 데이터의 조직 및 저장방식 그리고 그러한 데이터에 대한 친밀성의 이점만은 아니다. 지식은 과거와 마찬가지로 이용 가능한 情報群에 의해 형성된다. 타자—미국의 데이터뱅크—에게 이러한 집합적 기억의 조직책임을 떠맡기고 단지 그 내용을 탐색하는 데만 만족한다면 이는 새로운 형태의 문화적 종속을 받아들이게 된다"고 주장한다.(Simon Nora and Alain Minc, *Computerizing Society(L'Information de la Societe)*, (MIT Press),1980, p.56.
62) 秋光永, 前揭論文, 金晋均(외), 前揭書, p.253.

보질서운동에서는 커뮤니케이트권을 '커뮤니케이션을 받을 권리' 또는 '정보가 주어지는 권리'를 넘어서 '정보를 전달할 권리'로 해석되고 있다. 즉 커뮤니케이션은 送信者에 대한 一方的流通이 아니라 送/受信하는 雙方通行的 過程으로 인식되고 있으며, 그 속에서 당사자들(개인이든 집단이든)은 민주적이고 균형 있는 대화를 나눌 수 있다. 독백과 대조적인 대화는 현대 커뮤니케이션 사상의 핵심이며 그것은 새로운 사회적 권리의 확장으로 해석되고 있다. 전달할 권리(the right to communicate)라는 개념에는 雙方的인 疏通, 自由로운 交流, 接近과 參與에 관한 내용이 첨가되고 있는 것이다.63)

그러나 이와 같이 신국제정보질서운동에서 제기된 커뮤니케이트권 이론은 국제데이터유통논쟁에서는 L. S. Harms가 주장하는 '커뮤니케이션을 하지 않을 권리'를 포함하는 포괄적인 개념으로 확대되고 있다. 즉 유럽의 국제데이터유통에 적용하고 있는 정보주권개념은 커뮤니케이션의 본질인 쌍방향적인 개념이 아니라 '커뮤니케이션을 하지 않을 권리'로 해석할 수 있겠다. 또한 유럽의 最近動向을 보면 정보전송네트워크(국제 VAN 포함)에 대해서는 정보의 開放政策을 취함으로써 국제데이터유통의 유형에 따라 서로 상반된 입장을 취하고 있다. 한편 제3세계는 정보전송네트워크에 대해서는 '커뮤니케이션을 하지 않을 권리'를 주장하지만 데이터베이스에 대해서는 '정보의 접근권'을 주장함으로써 국제데이터유통의 유형에 따라 選別的인 入場을 취하고 있는데 이는 커뮤니케이트權 이론의 확장으로도 해석할 수 있겠다.

이상에서 살펴보았듯이 커뮤니케이트권의 해석은 국제데이터유통 유형과 국제데이터유통에 대한 각국의 입장에 따라 다양하게 전개될 것이다.

사실상 커뮤니케이트권의 개념은 아직도 최종적인 형태와 완전한 내용

---

63) MacBride et al., *op. cit.* p.218.

을 갖춘 것은 아니다. 그것은 論理的 結論을 도출해 낼 수 있는 이미 잘 확립된 원칙이라기보다는 그에 관련된 모든 함축적인 의미를 따지는 가운데 점차 풍성한 의미를 지니게 되는, 국제적으로는 정립단계에 있는 그런 개념이다. 이와 같은 맥락에서 국제데이터유통 논쟁을 통해 커뮤니케이트권은 L. S. Harms가 제시한 多樣한 槪念64)으로 해석될 가능성이 제고되고 있는 것이다.

일곱째, '신국제정보질서란 世界的 普遍性과 民族的 特殊性의 葛藤'이라 할 수 있는데 이는 국제정보유통에 있어서 정보의 자유유통원칙을 주장하고 있는 제1세계의 世界主義(普遍性)에 대해서 정보의 균형 있는 흐름을 요구하고 있는 제3세계 民族主義(特殊性)의 대립으로 이해할 수 있다.

Anothony Smith는 식민시대의 유산으로 희망 없는 종속의 굴레에 갇혀있던 후진사회가 신국제정보질서를 요구하는 것은 자신의 문제에 대한 精神的 購買力(mental purchase)을 획득하려는 民族主義 움직임으로 보고 있다.65)

그러나 신국제정보질서운동에서 제기된 민족주의적 성격이 국제데이터유통의 진전으로 야기되는 새로운 情報流通構造에 대해 얼마만큼의 論理的 對應力을 갖고 있는가에 관해 의문이 제기될 수 있다. 즉 "Informatics"의 발달과 관련하여 국가주권과 민족의 자율성은 Schiller가 우려한 바처럼 초국가적 Actor들의 힘이 확장된 세계에서는 민족국가의 단위가 국제사회에서 행사할 독자성의 범위가 현격히 축소될 것이라는 전망도 가능하기

---

64) L. S. Harms는 커뮤니케이트권을 다음과 같이 요약하고 있다.(1) 집회할 권리, 토론할 권리, 참여할 권리 및 이에 관련된 협동의 권리, (2) 문의의 권리, 알아야 할 권리, 알려야 할 권리, 관련된 정보의 권리, (3) 문화의 권리, 선택권, 개인의 프라이버시를 요구할 권리, 이와 관련된 인간개발의 권리…… 등이다.

   (*Ibid.* p.210)

65) Anthony Smith, *The Geopolitics of Information: How Western Dominates the World,* (New York: Oxford University Press), 1980, pp.29-32.

때문이다.

Smith도 다국적기업과 선진국이 상호의존적인 세계를 향한 구상으로 텔레커뮤니케이션 테크놀로지에 의한 새로운 '정보혁명'을 진행시킬 때, 민족국가 단위가 국제사회에서 행사할 獨自性의 범위가 줄어들 것이라고 전망하고 있다.66) 한편 Pool은 민족국가의 독립은 정보의 자유유통원칙에서 찾아야 할 것이라고 주장하고 있다. "정보사회에서는 정보자유유통을 통해 후진국은 선진국의 지적, 문화적 상품을 구매할 때 진정 독립될 수 있다는 것이며, 후진국가의 종속은 선진국이 정보를 독점하고 후진국이 정보의 자유유통에서 소외될 때"라고 설명하고 있다.67) 이와 같은 Smith와 Pool의 주장은 세계적 보편주의에 입각한 擴散모델이라 할 수 있겠다. 그러나 Edward Ploman은 "현 국제사회에서 어느 국가도 절대적인 정보자유를 구현할 수 없다"고 전제하면서, "각국의 커뮤니케이션정책에도 다양한 차이가 있고, 정보의 전파에 있어서도 각 국가마다 주관적인 해석이 가능하므로 서로 다른 커뮤니케이터 간의 커뮤니케이션에서 절대적인 정보의 자유는 허구"라고 비판하고 있다.68)

본 연구자도 Ploman의 입장에 동의하면서 국제데이터유통에 있어서도 民族主義가 강화될 것이라는 판단을 하고 있다. 그 이유는 첫째, 앞에서도 살펴본 대로 유럽의 정보주권논쟁에서 알 수 있듯이 유럽은 국제데이터유통에 있어서 민족주의적 성격을 강화해 나가고 있다고 볼 수 있다. 또한 유럽은 EURONET를 통해 유럽만의 국제데이터유통 네트워크를

---

66) *Ibid*, pp.29-32.
67) Ithiel de Sola Pool, "Direct Broadcasting Satellites and the Integrity of National Cultures", in Kaarle Nordenstreng and Herbert I. Schiller(eds.), *National Sovereignty and International Communication*, (Norwood, N. J.: Ablex Publishing Corporation), 1979, pp.151-152.
68) Edward Ploman, "Satellite Broadcasting, National Sovereignty and Free Flow of Information", in *Ibid.*, pp.154-165.

건설함으로써 미국에 대응하는 독자적인 통신망을 확보하고 있다. 둘째, 유럽이나 제3세계에서는 국제데이터유통을 주로 국가기관에서 독점 전담함으로써 국가가 데이터의 유통에 강제력을 발휘하고 있다. 이는 후술하고자 하는 한국의 국제데이터유통 專擔機關의 운영형태에서도 엿볼 수 있겠다. 따라서 이와 같은 유럽과 제3세계의 국제데이터유통에 대한 규제를 고려해 볼 때 국제데이터유통에 있어서는 정보의 자유유통원칙에 입각한 世界主義가 쉽게 확산되리라고 보이지는 않는다. 국제데이터유통은 필경 국경선을 가로질러 수많은 데이터의 유통을 가능케 하고 이른바 地球村時代를 개막할 것이다. 그러나 데이터의 세계적 확산에 대응하여 국제데이터유통의 규제조치도 강화될 것이며 아울러 각국의 情報政策도 民族主義的 性格을 강화시켜나갈 전망이다.

第3章 研究方法

第1節 國際데이터流通 決定要因의 測定

앞에서 살펴본 각 국가 간의 국제데이터유통질서에 관련된 국제적 논쟁은 새로운 국제관계의 현실에서 그 원인을 찾아볼 수 있다. 특히 현재 국제적인 논쟁을 불러일으키고 있는 관심사나 주장과 분쟁들은 국제데이터유통의 不均衡과 不平等이라는 정보유통의 부정적인 영향에서 파생된 것이다.

오늘날 이 국제데이터유통의 불균형현상을 해결하자는 데 반대하는 사람은 없다. 그렇다고 해서 이 개념의 구체적인 적용과 이 문제의 해결책과 바람직한 정책에 대해서는 일반적인 합의가 이루어지고 있지 않다. 그러나 이 불균형의 원인을 분석하거나, 이 원인의 중요도를 보는 시각에 있어서는 각국의 다양한 견해와 입장을 고려한다면 그 나라의 현실이나 보는 관점에 따라 매우 다를 수가 있다.

앞으로 뉴테크놀로지의 개방에 따라서 완전한 정보를 가진 국가와 불완전한 정보를 가진 국가 간의 격차는 계속 확대될 것이다. 국제데이터유통을 통해 정보의 국제유통이 엄청나게 증대되었고, 국제관계에서 국제데이터유통이 차지하는 비중이 높아지고 있으며, 아울러 전달자들은 이용할 만한 정보의 양을 증대시켰을 뿐만 아니라, 전달되는 정보의 영향을 통제하는 국제적 힘을 강화시켰다는 사실에 주목할 필요가 있다. 즉 앞에서 살펴본 대로 국제데이터유통은 단순히 정보의 유통만을 의미하는 것이 아니고 국제관계를 함의하고 있으며, 支配的 利害關係를 대변하고 있다고 볼 수 있을 것이다.

결국 국제데이터유통질서의 불균형을 해소하는 것은 국제관계의 정치, 경제, 문화, 기술적 제 요인이라는 국제관계의 기본 환경의 변화 없이는 사실상 불가능하다는 인식을 가져 볼 수 있겠다.

그러나 정보유통의 주된 유형을 분석하는데 어느 요인들이 절대적인 영향력을 미친다고는 볼 수 없다. 지금까지 행해진 많은 연구들에서 정보유통의 불균형에 대한 원인만큼이나 질적, 양적 불균형에 대한 해결안도 실로 다양하다 하겠다.

그러나 그 해결점이라는 것도 우리가 현재 정보유통유형의 본질 즉 보다 구체적으로 말해서 어떠한 요인이 현재의 불균형을 야기시키고 있는가를 해석하는데 어떠한 接近方法을 취하느냐에 따라 연구의 차원과 범위 면에서 매우 상이하게 나타날 수가 있다.

본 연구자의 견해로는 국제데이터유통의 질서를 마련하기 위해 普遍的 拘束力을 갖는 규칙을 만든다는 것은 불가능하다고 생각된다. 다만 지금까지 시도된 여러 가지의 국제데이터유통에 대한 각국의 대응전략은 각국의 개발전략과 사회구조적 모델에 입각해 있다는 사실을 인식한다면 여러 가지 국가 간의 분쟁을 해결하고 지식을 증가시키기 위해서는 더 많은 比較研究가 필요하며, 그러한 연구결과에 입각하여 새롭고 현실적인 정책을 수립하기 위해서도 어느 것이 가장 공정하고 효과적인 방법인가 비교연구할 필요가 있다고 판단된다. 따라서 무엇보다도 고려해야 할 사항은 국제데이터유통의 불균형의 원인을 찾아내고 그 불균형의 장애요인을 제거해 나가는 작업이 긴요해진다고 판단된다. 따라서 국제데이터유통이라는 새로운 테크놀로지와 국제커뮤니케이션활동의 정치, 경제, 문화, 기술적 요인을 분석하고 이 요인의 구조적 불평등을 제거해 나가는 일이 각국마다 필요하다고 본다.

이 章에서는 결국 국제커뮤니케이션 분야에서 국제데이터유통 논쟁이

나 신국제질서논쟁에서 공통적으로 제기되고 있는 핵심적인 내용은 정보
유통의 불균형문제라 인식하고,69)신국제정보질서운동의 맥락에서 정보
유통의 불균형요인을 經驗的 硏究方法을 적용하여 분석한 기존의 국제커
뮤니케이션 분야에서 성과를 살펴보면서, 이 요인들이 국제데이터유통의
결정요인으로서의 적용가능성을 본 연구자의 관점에서 재검토해 보기로
한다. 국제정보유통의 양과 방향에 미치는 결정요인들은 매우 복잡하고
다양하기 때문에 중요도에 따라 그것들을 序列化시키는 데에는 상당한
어려움이 뒤따른다. 더욱이 이 요인들을 서로 독립적인 것으로 분류하기
란 여간 어려운 일이 아니며, 주로 뉴스유통 연구에서 사용된 변인들이
국제데이터유통이라는 새로운 국제커뮤니케이션 활동을 설명하는 데 얼
마나 적용될 수 있을 것이냐는 근본적인 의문이 제기될 수 있겠다. 그러
나 본 연구자는 국제데이터유통연구를 위한 試驗的接近으로서, 주로 뉴
스유통의 결정요인으로서 사용된 다양한 변인들을 국제데이터유통 결정
변인으로서의 適用可能性을 탐색해 보는 것이다.

　　제3장에서의 논의가 국제데이터유통이 국제관계 및 국제커뮤니케이션
구조를 변화시키는 것을 살펴보았다면 이 장에서는 국제관계나 국가적 요
인들이 국제데이터유통을 어떻게 결정하는가를 알아보고자 하는 것이다.

　　그러면 국제정보유통의 불균형이 발생하는 이유는 무엇일까? 李相喆은
다음과 같은 세 가지 요인을 제시하고 있다.70) 첫째, 국제정보유통의 불
균형을 市場性 내지는 經濟的 理由로 설명하는 입장이 있다. 정보도 하나

---

69) 현 단계에서 새로운 세계정보와 커뮤니케이션 질서를 위해서는 다음과 같은
　　실질적인 문제를 다루어야 한다고 MacBride보고서는 제안하고 있다. 첫째,
　　주권국가 간에 평등 관계를 수립토록 고안된 민주적 원칙하에 자유롭고, 공
　　정하고, 효율적이며, 균형 있는 국제커뮤니케이션체계를 확립하는 데 영향을
　　미치는 문제들의 명단을 작성하고 정의하는 방향, 둘째, 보다 긴급하고 실질
　　적 과업에 초점을 집중함으로써 국제적 차원에서 일관성 있는 토의를 조장하
　　는 방향, 셋째, 관련된 정치적 선택을 분명히 하는 방향 등이다.
70) 李相喆, 〈國際情報論〉, (서울: 일지사), 1984, pp.244-245.

의 상품이므로 市場의 原理에 지배를 받는다고 할 수 있다. 둘째, 국제정보유통의 불균형을 世界政治權力의 불균형의 결과로 보는 입장이다. 오늘날 정보는 곧 힘이기 때문에 정보의 불균형은 국제정치질서에서 선진국과 후진국 간에 불균형을 이룸을 뜻하는 것이다. 셋째, 국제정보유통의 불균형을 19세기 식민지시대에 형성된 構造的 不均衡關係, 즉 支配와 從屬의 증상으로 보는 입장이 있다. 즉 정보의 불균형은 정치, 경제, 문화적 측면에서 그 불균형요인이 탐색되어 왔다고 할 수 있다.

이와 같은 국제정보유통의 불균형문제를 이론적 가설로서 처음 접근한 것은 J. Galtung의 4가설이라 할 수 있다. 그는 사회적, 기술적 그리고 경제적 발달의 정도에 따라 국제체제를 지배-종속관계를 표현되는 중심부와 주변부의 국가들로 분류하고 중심부 국가들은 사회, 기술 그리고 경제적 향상 때문에 그리고 부분적으로는 "封建的 커뮤니케이션체계 (federal network of communication)" 때문에 중요 커뮤니케이션 수단을 독점하고, 정보유통의 불균형을 초래한다고 주장하면서, 中心部와 周邊部 사이의 정보유통의 불균형에 대한 특징적인 양상들을 다음과 같은 4가지 가설로 제시하고 있다.

1 가설: 中心部 國家들에 관한 뉴스가 전체 세계 언론의 報道量 가운데 대부분을 차지하고 있다.

2 가설: 中心部 國家와 周邊部 國家 간의 뉴스유통보다는 중심부국가들 간의 情報流俑量이 더 많다.

3 가설: 중심부 국가들에 관한 뉴스량이 주변부 국가들의 방송이나 신문에서 많은 보도량을 차지하고 있다.

4 가설: 일반 周邊部 국가들 사이에 그리고 특히 理念이 서로 다른 국가들 간에는 뉴스유통이 거의 이루어지지 않고 있다.[71]

---

71) Johan Galtung, "A Structural Theory of Imperialism," in *Journal of Peace Research No.2*, 1972, p.93.(Hamid Mowlana, *op. cit*, pp.113에서 재인용).

이와 같은 Galtung의 4 가설은 Richstad와 Nmaemeka의 '情報地域'의 개념72)에 의해 부정되기도 하지만 Mohammadi73)를 비롯한 대부분의 연구자에 의해 가설이 입증되고 있다.

Galtung의 4 가설에서 비롯된 정보유통의 불균형에 대한 각국의 관심은 국제커뮤니케이션 영역에서 국제정보유통의 영향을 미치는 獨立變因에 대한 연구로 이어지고 있는데 T. Ahern의 분류대로 정보유통의 取捨選擇過程에 초점을 맞춘 社會心理學的 觀點(social-psychological perspective)에 입각한 게이트키퍼 패러다임(gatekeeper paradigm)과 정보유통과정을 결정하는 국가적·국제적 요인들을 분석하는 狀況構造的觀點(logistic perspective)이 제기되고 있다. 따라서 여기서는 각각의 패러다임을 살펴보고, 국제데이터유통 연구방법으로서의 적용가능성을 모색해 보기로 하겠다.

1項. 國際情報流通에 관한 게이트키핑 패러다임

게이트키핑 패러다임에서는 게이트키퍼(gatekeeper)가 수용자(news audience)에게 전달되는 정보를 통제한다는 기본가정을 내포하고 있다.

---

72) Richstad와 Nnaemeka는 태평양연안 국가들의 정보유통에 관한 연구에서 Galtung의 '봉건적 커뮤니케이션체계'와는 반대되는 개념으로서 특정지역의 국가들 간의 균형된 정보유통의 증대를 의미하는 소위 '정보지역(information region)'이라는 개념을 제시한 바 있다. ⟨Jim Richstad and Tony Nnaemeka, "News Flow Research and Information Region," *Paper presented at the 19th IMACR Conference in Prague*, Czechoslovakia, 1984⟩.

73) Mohammadi의 연구는 주변부 국가들 간에는 정보유통이 이루어지지 않고 있으며 특히 이념이 서로 다른 국가들 간에는 전혀 정보유통이 이루어지지 않고 있다고 주장한다.(Jim Richstad and Tony Nnaemeka, *Ibid*, p.43.) ⟨H. Mowlana(1986), op. cit., p.114.⟩.

게이트키퍼는 (1) 情報回路(channel) 상에 있는 送信者(communicator)가 (2) 關門(gate)을 지배하여 (3) 정보유통의 과정을 좌우하는 決定行爲(decision-making)를 하는 것으로서 파악된다. 또한 게이트키퍼의 작용은 (4) 社會心理的 壓力(social and psychological pressure)의 場에 존재하며, 官僚構造的(bureaucratic structure) 回路特性을 포함하게 된다는 것이다.74)

이와 같이 게이트키핑 연구는 국제뉴스의 선택과정에 초점을 두고 있다. Galtung와 Ruge는 사건의 발생에서 최종적인 뉴스보도에 이르는 뉴스선택과정의 전문적(기술적) 측면에서 일련의 게이트키퍼들이 뉴스가치가 높다고 판단할 수 있는 사건과 이슈들의 속성들을 12가지 요인으로 분류하면서 소위 附加假說(addtivity hypothesis)과 補完假說(supplementarity hypothesis)을 제기하고 있다. 부가가설은 어떤 사건의 뉴스가치요인들의 총수가 많을수록 그것이 뉴스로 채택될 가능성이 그만큼 높아지게 되며, 보완가설 또한 일단 그 사건이 뉴스로 선택되고 나면 뉴스가치가 있다고 판단되는 사건의 특정 양상들을 중점적으로 취급함으로써 그 기사의 뉴스가치와 양을 한층 증대시키게 된다는 것을 의미한다. 여기서 그들은 후자의 경우를 '歪曲(distortion)'이라고 설명하고 있다.75)

Galtung의 이와 같은 게이트키핑 패러다임(Gatekeeping Paradigm)을 국제정보유통연구에 적용시킨 대표적인 학자는 T. Ahren이다.76) T. Ahren은

---

74) Kurt Lewin, "Channels of Group Life", in *Human Relations*, 1947, pp.143-153.

75) Johan Galtung and Mari Holmbee Ruge, "The Structure of Foreign News: The Presentation of the Congo, Cuba and Cyprus Crises in Four Norwegian Newspapers", in *Journal of Peace Research, No.1*, 1965, pp.70-71.(H. Mowlana(1986), *op. cit.* p.209.에서 재인용).

76) T. Ahern은 국제뉴스의 유통에 영향을 주는 게이트키퍼의 요인을 크게 內在的要因(intrinsic factor)과 外在的要因(extrinsic factor)을 대별해서 설명하고 있다. 내재적 요인으로서는 사건의 지속성(event duration), 사건의 규모(magnitude), 단순, 구체성(simplification, unambiguity), 적합성(consonance with previous frame of reference), 사건의 계속성(continuation of ongoing event), 행위자의 엘리트성(elite factors), 개인의 인간적 특성(personification), 비예측성, 선정주의, 인간적 흥미성

게이트키퍼의 사회화(gatekeeper socialization)와 국제정보유통의 양과의 관계를 주로 분석하고 있는데 그는 수문장(gatekeeper)의 사회화 요인, 정치적 의견, 서구 문화성 그리고 독자와의 피드백(feedback) 정도에 따라 국제정보유통의 양에 차이가 발생한다고 지적하고 있다.

그러나 게이트키핑 패러다임은 국제정보유통에 관한 기준을 특파원, 지국장, 본사의 신문 및 방송편집자들에 이르는 일련의 게이트키퍼들에게 일률적으로 적용시키고 있다는 비판을 받고 있다. 가령 게이트키퍼의 개인적인 정치견해, 문화적 배경, 기사에 관한 상대적인 뉴스가치 판단, 그리고 매체의 특성 등과 같은 요인들이 게이트키퍼들의 판단에 영향을 미치게 되며, 이것이 국제정보유통의 측정에 원용되는 게이트키핑 패러다임은 게이키퍼들의 인간적 요인들(human factors)에 관심을 부각시킴으로써 국제정보유통을 결정하는 구조적 요인에 대한 문제를 제시하지 못하고 있다는 비판을 받고 있다.

국제정보유통의 과정을 보면 실제로 한 건의 정보도 저절로 채널을 통과하는 것이 아니며, 그 이동에는 직접 또는 간접으로 기관, 그리고 일련의 정치, 경제, 사회, 문화적 제 요인들이 게재되기 마련이며, 국제정보유통을 작용하는 제 세력들을 분석해야 할 것이다.

따라서 게이트키핑 패러다임은 Hamid Mowlana[77)의 지적대로 정

(unexpectedness, sensationalism, human interest) 그리고 부정성(negativity) 등을 말하며, 외재적 요인은 게이트키퍼의 사회화 요인(개인적인 정치적 관점, 서구문화독자와의 피드백), 미디어제약(기사발생지와 그날 사건의 관련형태, 이용할 수 있는 지면여부, 보도의 시의성), 사건의 맥락 등을 포괄하고 있다.(Thamas J. Ahren, Jr., "Determinants of Foreign Coverage in U. S Newspapers", in Rebert C. Stevensen(ed.), *Foreign News and New World Information Order*, (Ames, Iowa: Iowa State University Press.), 1984, pp.217-233.

77) Kurt Lewin의 심리학 관계 저술에서 게이트키핑의 개념이 만들어내는 정치, 경제, 문화, 기술적 요인들을 비롯한 기본구조적인 문제들을 제기하지 않은 채, 매체채널의 사회적 규범과 게이트키퍼의 통제를 검증하는 데 이

치, 경제, 문화, 기술적인 요인들을 제기하지 않음으로써 누가 게이트키퍼이며, 장애적 관문의 설치자는 누구인가?에 대한 기본적인 질문에 명쾌한 해답을 제시하지 못하고 있는 것이다.

또한 이와 같은 본질적인 결함 외에도 게이트키핑 패러다임은 국제데이터유통 연구에는 그 적용이 불가능하다고 판단된다. 국제데이터유통은 송신자와 수신자 사이에 직접 유통되는 커뮤니케이션 행위이기 때문에 게이트키핑의 節次가 필요 없기 때문이다. 뉴스유통은 유통되는 정보가 관료적 위계절차를 거쳐 가공 되지만 국제데이터유통은 생산지에서 소비지까지 직접 유통되기 때문이다. 물론 국제데이터유통에서도 게이트키퍼가 없다는 것은 아니다. 그러나 국제데이터유통의 관문설치자는 바로 정책당국자일 것이며, 이때 게이트키핑의 의미는 후술하고자 하는 狀況構造的要因이라 하는 것이 보다 타당할 것이다.

2項. 狀況構造的 接近方法(Logistic Approach)

(1) 基本觀點

logistic approach란 국제정보유통에 영향을 미치는 정치, 경제, 사회, 문화적 요인 등 國家的 要因(national variable, internal variable) 또는 國際的 要因(relational variable)을 발견하여 이 요인들이 정보유통에 미치는 영향력을 측정하는 연구방법이라 할 수 있다. 이 연구는 국가적 요인들이 정보유통량을 예측하는 데에도 매우 중요하다는 가정을 공통적으로 내포하고

개념을 원용했다. 요컨대 Kurt Lewin은 소집단내의 상호작용에 관심있는 심리학자이지 시스템 구조적 변동을 분석하는 정치, 경제학자는 아니었다. 국제커뮤니케이션 유통연구에 원용된 Lewin의 개념이 그 한계점에 도전을 받지 않은 채, 그토록 오랫동안 탁월한 개념으로 군림해 왔다는 것은 유의할 만하다.(Hamid Mowlana(1986), *op. cit.*, p.187.)

있다. 국제정보유통에 영향을 주는 요인에 대한 분석은 1960년대에 들어 북유럽학파에 의해서 처음으로 제기된 이래[78] 신국제정보질서운동이 본격화된 1970년대 중반에서부터 1980년대에 이르기까지 정치, 경제, 문화적 요인들이 국제정보유통의 양을 결정한다는 경험실증적인 연구결과들이 많이 나오고 있다. J. Ahren의 지적대로 상황구조적 접근방법은 다음과 같은 관점(perspective)을 그 전제로 하고 있다.[79]

첫째, 국가적 요인(national characteristics)은 정보유통을 예측(predict)하고 결정하는(determine) 중요한 요인이다.

둘째, 게이트키퍼는 정보의 選擇過程에서 심리적으로 국가적 변인들을 고려한다. 따라서 수문장의 心理的 特性은 國家的 變因의 下部体系라 할 수 있다.

셋째, 국가적 변인은 정보유통과정에 영향력을 줄 것이다.

넷째, 따라서 국가적 변인은 정보유통과정에서 게이트키퍼, 상황구조적(logistic)역할을 동시에 수행한다는 것이다.

이와 같은 관점을 전제로 한 상황구조적 요인들에 대한 연구결과를 몇 개의 범주로 나누어서 국제데이터유통과 관련이 있는 요인들을 중심으로 종합적으로 개관해 보기로 한다.

---

78) 徐正宇, *前揭書*, p.216.
79) J. J. Ahren, *op. cit.* p.353.

⑵ 決定要因에 關한 文獻考察

가. 政治的 要因에 關한 硏究

커뮤니케이션은 政治的 次元 및 政治問題와의 관련 없이는 해결될 수 없다. 또한 정치란 커뮤니케이션과 불가분의 관계를 맺고 있다.

국제정보유통에 영향을 미치는 정치적 요인으로서는 기존의 연구결과를 보면 ⑴ 植民地, ⑵ 이데올로기, ⑶ 國力, ⑷ 外交關係 등이 제시되고 있다. 물론 Skurnik는 "식민지 관계요인은 국가 간에 존재했던 과거의 식민지 경험뿐만 아니라 현재 존재하는 中心國家와 周邊國家 간의 지배, 종속관계를 포함하는 개념으로서 국가 간 정보유통과는 대체로 긍정적 관계가 존재할 것"이라고 예측한다.80) 그러나 우리나라와 국제데이터유통을 하고 있는 나라는 1987년에 16개국으로 밝혀지고 있는데(조사대상의 특성 참조) 이 16개국과 한국과의 관계를 식민지관계의 정도에 따라 계량화하기 어렵고 식민지관계에 대한 조작적 정의도 분명하지 않다. 또한 과거 우리나라가 식민지로서 예속된 바 있었던 일본과의 국제데이터의 유통량이 많은 것을 볼 때 식민지관계 요인이 국제데이터유통의 결정요인으로도 간주할 수 있지만 이는 일본과 한국의 최근 국제관계에서 비롯되는 요건으로 판단되며 이런 의미에서 한국과 일본의 국제데이터유통량을 식민지관계 요인으로 본다면 이는 虛僞的 關係(spurious relationship)의 결과로 판단되기 때문이다. 따라서 이 연구에서는 식민지관계 요인은 제외하기로 한다.

또한 식민지관계를 Wallerstein의 世界体制理論이나 從屬理論의 관점에서 지배-종속의 패러다임을 적용한다면 이 식민지관계의 요인은 후술하고자 하는 國力關係 要因으로 대치할 수도 있을 것이다.

이데올로기요인에 관한 연구는 1981년 Skurnik의 아프리카 지역에

---

80) W. A .E. Skurnik, "Foreign News Coverage in Six African Newspapers: The Potency of National Interests", *Gazette*, 28., 1981. 2.

대한 6개 신문에 대한 內容分析硏究, Nabil Dajani의 6개 아랍국가의 일간지 내용분석연구, T. Harrel Allen의 미국 닉슨 대통령의 중공방문에 대한 미국의 5개 미디어와 중공의 2개 미디어 내용을 분석한 것 등이 있다. 특히 Allen의 연구결과는 이데올로기는 국가 간 정보유통에 있어서 결정적인 요인이 되지 못함을 밝혀냈다. 徐正宇는 이 같은 연구결과들을 토대로 제한적이나마 내릴 수 있는 결론은 "국제사회는 현재 이데올로기를 넘어서 冷戰体制에서 데탕트 체제로의 변화와 더불어 人類共榮과 世界平和를 지향하기 때문에 이데올로기 요인은 점차 그 영향을 상실하게 될 것이라는 전망"을 하고 있다.81)

그러나 국제데이터유통에서는 이데올로기 요인은 정보유통의 중요한 결정요인이 되고 있다. 대부분의 국가들은 국가안보에 관련된 국제데이터유통정보가 외국에 유출되는 것을 금지하고 있다. 그러므로 국가안보와 관련된 정보의 통제는 결국 기술정보의 해외유출을 막는 수단이 되고 있다. 또 일부 국가에서는 經濟安保라는 명분으로 자국의 經濟資源에 관한 정보의 海外流出을 금지시키고 있다. 특히 브라질을 비롯한 일부 국가에서는 遠距離 探知시스템(remote sensing system)을 이용하여 외국회사가 석유생산데이터나 지하자원의 정보를 수집하는 것을 금지시키고 있다.82) 이와 같은 측면을 고려한다면, 국제데이터유통에서는 이데올로기 요인이 강력한 요인으로 작용한다고 볼 수 있다.

그러나 이 연구의 조사대상요인으로서 이데올로기변인을 제외하기로 한다. 각 국가 간의 이데올로기의 근접성은 操作的 定義를 내리기 어려울 뿐 아니라 計量化하기도 쉽지 않다. 다만 이데올로기요인에 대해서는 이 연구의 調査對象의 特性부문에서 검토하기로 한다. 따라서 국제데이터유통요인 중 정치적 요인으로는 국력과 외교관계에 관련되는 연구결과

---

81) 徐正宇, *前揭書*, p.219.
82) 日本郵政省 電氣通信總局, *前揭書*, pp.352-353.

82

들을 살펴보기로 한다.

국제커뮤니케이션 영역에서 國力關係 要因의 연구성과는 매우 다양하다. 經濟決定論 學派(급진주의 학파), 權力政治 指向性의 現實主義 傳統, 그리고 이상주의 이후 단계의 行動主義 接近方法은 모두가 국제간 힘의 개념을 중시하고 있다. 이 접근방법들은 다음과 같은 이론적 관점(perspective)을 전제하고 있다.(1) 경제적 파워이든, 정치적 파워이든, 또는 양자를 다 갖춘 파워이든 간에 파워 위주의 국제관계를 중시한다.(2) 政治的 國家單位로는 民族國家(national state)관을 신봉한다.(3) 이 접근방법들은 커뮤니케이션 및 문화적 요인들을 정치, 경제, 기술적 요인의 상부구조로 인식한다. 본 연구자의 관점으로는 이것은 커뮤니케이션이나 문화현상은 정치, 경제, 기술적 요인에 의해 결정된다는 것으로 연구자가 국제데이터유통 결정요인을 분석하려는 시각과도 일치한다.(4) 국제관계를 自然科學 및 生物學과 같은 대열에 놓는 경향이 있다. 즉 國力은 측정 가능한 것, 관찰 가능한 것, 유형적인 것으로 볼 수 있다는 것이다.83)

Grunig는 개인이나 집단 혹은 국가체제가 보유하고 있는 힘의 양이 정보유통의 양과 방향을 결정지어 준다고 주장하고 있으며,84) Sommerlad 도 국제간 정보유통의 불균형은 세계 정치판도의 불균형을 반영하게 되며, 국가의 정치적 힘은 정보유통에 통제를 가하게 된다면서 정보유통과 정치의 상관관계가 매우 높다는 점을 주장하였다.85)

---

83) Hamid Mowlana(1977), *op. cit.* p.357.
84) James E. Grunig, "A General Systems Theory of Communication, Poverty and Underdevelopment," in Fred L. Casmir(ed.), *Intercultural and International Communication* (Washington, D.C.: Univ. Press of America), 1978, pp.91-93.
85) Lloyd E. Sommerlad, "Free Flow of Information, Balance, and the Right to Communicate," in Jim Richstad(ed.), *New Perspectives in International Communication*, (Honolulu, Hawaii: East-West Center), 1977, p.26.

위와 같은 관점에서 Salinas와 Paldan은 국가 간의 힘의 불균형이 결국은 커뮤니케이션 제국주의의 형태를 초래하게 되었음을 지적하였으며,86) Tatarian도 같은 맥락에서 선진국에서 개도국으로 정보의 양과 내용의 불균형이 世界政治의 勢力版圖를 반영하고 있음을 지적하고 있다.87)

따라서 결국 강대국들이 약소국들보다 더 많은 정보를 생산하게 되며, 이따금씩 약소국들이 분쟁지역으로서 뉴스의 초점이 되기도 하지만 결국은 일반적인 국제뉴스유통 양식에 의해 뉴스권으로부터 소외되게 된다는 것이다. 이와 관련하여 "Ostgaard는 국제적인 힘의 序列要因에 의해 세계의 언론은 강대국 지도자들의 개인 활동을 과장 보도하여 강대국과 약소국을 특징적으로 구별하는 경향이 있음을 지적하기도 하였다.88)

J. Ahren과 Al Hester 등도 정보유통의 정치적 요인으로서 국력을 제시하고 있다. J. Ahren과 Al Hester의 관점은 다원적 접근방법에서 다시 논의하기로 한다.

이상에서 본 바와 같이 정보유통에 관한 많은 연구들이 국가 간 정보유통에 영향을 미치는 요인으로서 國力要因을 강조하고 있다. 外交關係要因 또한 국가의 外交政策까지를 포괄하는 개념으로서 국가 간 정보유통에 영향을 미치는 긍정적 요인으로서 대체적으로 지지받고 있다. J. A. Lent는 미국 미디어의 외신보도 성향에 영향을 주는 요인으로서 國際外交, 軍事政治, 歷史, 文化的 遺産 등을 제시하고 있다. 89) Hester는 라

---

86) Raquel Salinas and Leena Paldan, "Culture in the Process of Development; Theoretical Perspectives", in Kaarle Nordenstreng and Herbert I. Schiller(eds.) *op. cit.*, 1979, p.86.

87) Roger Tatarian, "News Flows in the Third World: An Overview," in Philip C. Horton, *The Third World and Press Freedom*, (N. Y. Praeger Publishers), 1978, p.41.

88) Einar Ostgaard, "Factors Influencing the Flow of News", in *Journal of Peace Research, No.1*, 1965, p.55.

89) John A. Let, "Foreign News in American Media", in *Journal of*

틴아메리카에서 발생하는 뉴스를 라틴지역에 주재하는 국제통신사들이 어떻게 전달하는가를 연구한 결과 외교관계와 국제간 정보유통 간에 긍정적 관계가 있음을 밝혀냈다.90) 앞에서 제기한 이데올로기요인은 외교관계요인의 相關關係가 높다는 점을 감안하여 외교관계요인으로 대치할 수도 있겠다. 국제데이터유통에서 이데올로기요인이 決定要因으로서 중요한 변수임을 감안할 때 외교관계요인은 국제데이터유통의 중요한 결정요인으로 작용할 수 있겠다.

나. 經濟的要因

국제데이터유통은 앞에서 살펴본 바와 같이 그 구조나 내용상 여러 면에서, 경제와 얽혀있고, 경제에 의존해 있다. 지속적인 정보유통은 경제활동에 있어서도 대단히 중요하다. 국제데이터유통은 모든 국가의 경제에 있어서 그 중요성이 높아가고 있는 요소 중의 하나이며 미국에 있어서는 정보산업이 國民總生産의 生産部分을 대표하고 또 생산성과 고용에 직접적인 영향을 미치고 있음을 감안해 볼 때 데이터의 국제유통과 경제와의 관계는 불가분의 관계에 놓여있다. 또한 국제데이터유통은 정보의 즉각적인 송수신을 가능케 할 뿐만 아니라, 또 노동의 성격을 변화시키기도 한다. 앞에서 살펴본 바와 같이 국제데이터유통은 현재 기업의 장소를 불필요한 것으로 만들고 많은 공장을 먼 곳으로 이동시키거나, 상이한 산업들과 무역, 금융, 항공업과 같은 다른 종류의 활동을 위한 위치의 자유로운 선택을 가능하도록 하고 있다. 따라서 전 세계의 많은 국가들은 국제데이터유통에 대한 구체적인 전략을 수립하고, 국제데이터유통에 적절한 下部構造를 설립하는 데 경제력을 투입할 강력한 이유를 갖고

Communication, 27, 1977, p.77.

90) Al Hester, "The News From Latin America via a World Press Agency", in Gazette, 20, 1974. 2.

있다.

그동안 경제적 요인은 국가 간의 뉴스유통에서도 영향을 미치는 주요한 獨立 變因들인 것으로 입증되어 왔다. 經濟的 要因은 經濟的 衡平과 같은 數量化하기 곤란한 質的概念도 적지 않지만 오늘날 경제적 요인을 계량화하는 데 일반적으로 상용되고 있는 것은 國民所得이다. 국민소득은 국제데이터유통을 가능케 하는 시장구조의 기본원리가 될 수 있다. 국민소득은 다시 (1) 國民總生産, (2) 國民純生産量, (3) 要素費用에 의한 國民所得, (4) 個人所得, (5) 可處分所得 등이 있다. 이 중 가장 포괄적인 개념은 國民總生産(GNP)이란 개념이어서 커뮤니케이션 현상과 經濟要因 간의 관계를 연구하고자 할 때 가장 널리 채택되었던 것은 1인당 國民總生産으로 대표되는 國民所得의 수준이다.91)

O. Boyd-Barrett는 〈미디어 제국주의〉라는 그의 논문에서 국제정보질서를 결정하는 가장 강력한 요인의 하나로 국민총생산을 제시하고 있다.92) 경제적 요인 중 무역량 역시 대체적으로 국제뉴스유통과 관계있는 것으로 나타나고 있다. T. J. Ahren은 뉴스유통연구에서 國民總生産과 貿易量은 外信報道의 결정요인으로 영향을 주고 있음을 通路分析(path-analysis) 방법을 통해 밝혀내고 있다. 또한 Al Hester도 국가 간의 무역량을 경제적 요인으로 간주하고 있다.

그러나 국민총생산, 무역량보다도 국제데이터유통을 결정하는 경제적 요인으로서는 이미 2장에서도 살펴보았듯이 우리나라와 같은 周邊 또는 半周邊的인 性格을 가진 개도국으로서는 多國籍企業 關係가 국제데이터 유통을 결정하는 중요한 변인으로 추론할 수 있겠다. 1984년의 경우 대

---

91) 朴許植, "新聞의 煽情主義와 社會變動因間의 相關關係에 關한 研究", (서울대 博士學位論文, 1986. 8), p.58.
92) Oliver Boyd-Barrett, "Media Imperialism: Towards an International Framework for the Analysis of Media System", in J. Curran et al(eds.), *Mass Communication and Society*, (Beverly Hills, CA: Sage), 1979, pp.116-135.

86

략 1,000여 개 이상의 다국적 컴퓨터커뮤니케이션 시스템이 가동되고 있
는데 이들의 상당수가 다국적기업이 전 세계에 퍼져 있는 가맹네트워크
를 효율적으로 운영할 목적으로 설립된 것이다. 다국적기업들은 국제데
이터유통 이용으로 인해 엄청난 혜택을 누리고 있는 것도 사실이다. 국
제데이터유통은 不確實하고 豫測不可能한 상황에서 效率的인 企業管理를
가능하게 해주며 대량의 情報處理能力을 지니고 있어 모든 문제에 있어
서 더 나은 의사결정을 용이하게 해주기 때문이다.93)

RCA의 Global Communications, IT&T의 World Communications, 그리고
Western Union의 International 등 다국적인 기록 通信業休(RCA, IT&T는 우
리나라 국제데이터유통의 國際關門機關이다)들을 AT&T사(American
Telephone & Telegraph) 및 국영 체신성들과 국제정보유통네트워크를 공
동으로 보유·운영하고 있다. 銀行間去來시스템 (SWIFT)과 '歐洲內 航空네
트워크' (SITA)와 같은 국제데이터망은 특정의 가입자 집단들에게 고객용
통신서비스를 제공하고 있다.

또한 다국적 기업들은 경영상의 목적으로 업체 내부의 국제데이터 전
송장치를 이용함은 물론, 방대한 양의 데이터서비스를 有料로 제공받는
다. 銀行, 信用業休, 그리고 商業航空社 같은 정보집약적인 조직들이 외
부의 정보서비스를 가장 많이 이용하는 업종이며, 반면에 제조업체들은
업체 전체적인 의사결정을 위해 방대한 데이터를 내부에서 전송하고 통
합 처리해야 한다. 추가로 일부 기업체들은 국제적인 통신을 위해 고속
데이터통신을 이용한다.94) 이와 같이 다국적기업은 국제데이터유통에
가장 중요한 生産者이자 消費者이며, 또한 ITT, RCA와 같은 데이터 流

---

93) United Nations Commission on Transnational Corporations, "The Role of
Transnational Corporations in Transborder Data Flow" *A Paper Presented to the
Convention Session*, 1984, pp.7-9.
94) Mowlana(1977), *op. cit.*, p.29

通의 仲介者이기도 하다.

Varis는 그의 〈多國籍企業이 미치는 커뮤니케이션에의 影響〉이란 논문에서 다국적 커뮤니케이션기업의 歷史的 形成過程, 法人構造, 活動狀況 등을 광범위하게 분석하면서 다국적기업의 존재가 국제정보의 생산과 유통을 위해 결정적으로 기능하고 있음을 밝히고 있다. 또한 뉴스유통의 결정요인으로 제기된 Ostgaard나 James E. Larson의 "외국언론사의 駐屯"의 개념95)은 국제데이터유통 연구에서는 해외에 파견된 다국적기업의 수의 개념으로 전환될 수 있겠다.

그 외에 한국의 국제데이터유통량을 결정하는 용인으로서 기존의 뉴스유통 연구에서 사용되었던 援助關係, 經濟投資額도 국제데이터유통결정요인으로 중요한 역할을 할 수 있으리라 판단된다. 그러나 援助關係 변인은 이미 우리나라가 다른 나라와 원조관계를 맺고 있지 않기 때문에 한국의 사례에는 적용하지 않기로 했다. 그리고 경제투자액도 다국적 기업변인과 서로 상호반복성이 크므로 생략하기로 했다.

다. 文化的要因

文化的近接性 要因도 국제간 정보유통에 중요한 영향을 미치게 되는데 예컨대 Al Hester는 국가 간의 連帶感을 나타내는 척도로서 移住量(海外移民數), 旅行量(相互訪問者數), 國際結婚의 頻度, 植民地關係 등을 제시하면서 그러한 특성을 공유하는 국가 간의 정보유통은 그렇지 않은 국가보다 많을 것이라는 가설을 제시하고 있다.96) 또한 문화적 근접성과 관

---

95) Larson은 多國籍 言論媒休가 특정국가에 얼마나 주둔하느냐에 따라 어느 특정 국가에 관한 뉴스량이 증가할 것이라는 가설을 설정한 바 있다. 〈James E. Larson, "U.S. Television Coverage of Foreign News", in George Gerbner & Marsha Siefert(eds.), *World Communications*, (N. Y.: Longman), p.109〉.

96) Al Hester, "Theoretical Considerations in Predicting Volume and Direction of International Information Flow", *Ibid.*, pp.70.

88

련하여, Ostgaard는 12개 국가들의 신문들 중 호주의 신문에서는 영국으로부터의 유입되는 뉴스기사량이 가장 많은 지면을 차지하고 있음을 밝혀내고 있다. 그 이유는 문화의 근접성이 높을수록 뉴스의 유통량은 증가될 것이라고 한다.

한편 Skurnik[97]는 아프리카지역에 6개 신문의 외신기사의 분석을 통해서 동일한 언어를 사용하는 국가로부터의 정보를 더욱 선호한다는 사실을 밝혀냈다. 여기서 Ostgaard나 Skurnik가 말하는 文化的近接性이란 植民地關係, 또는 言語의 共有라는 변인을 의미한다. Ostgaard가 조사대상으로 한 호주, 아프리카지역은 각각 과거 영국, 프랑스와 식민지관계였으며, 따라서 지금도 사용하는 언어가 같기 때문에 정보유통이 많다는 가설인 것이다. 기존의 뉴스유통연구는 정보의 유통이 문화, 언어의 영향력에 힘입은 것은 주로 식민지관계에 유래하는 것으로 보고 있다. 前 식민강대국과 前 식민지영토 간에는 歷史的 紐帶로 인해, 편집자의 결정과 독자들의 관심에서 나온 선택이 일치한다는 것이다. 영국신문사에서는 짐바브웨가 주요 뉴스인 반면, 프랑스 신문은 중앙아프리카 교육에 더 많은 지면을 할애한다. 이 과정은 반대로도 작용할 수 있다. 즉 인도의 독자들은 프랑스나 독일보다는 영국의 정치적 사태에 대해 더 잘 알고 있다. 정보의 유통은 남-북 아메리카에서도 명백하다. 미국이 라틴아메리카에서 차지하는 지배적인 정치·경제적 위치는 라틴아메리카 매체의 미국관계 뉴스에도 그대로 반영된다. 따라서 어느 곳의 매체도 모든 뉴스를 그 본질적인 중요성에 따라 다루지는 못하고 있다.[98]

이와 같이 국제뉴스유통에서는 언어가 문화적 요인 중에서 가장 중요한 요인으로 인식되어 온 것 같다. 언어의 선택과 보급여하에 따라 광범위하고 보다 평등한 커뮤니케이션의 유통이 열리기도 하고 막히기도 하

---

97) W. A. E Skurnik, *op. cit.*, p.127.
98) MacBride et al., *op. cit.*, p.279.

기 때문에 언어정책은 커뮤니케이션정책의 본질이 되고 있다.[99]

소위 세계적인 언어사용은 국제적 커뮤니케이션에 필수적인 요소이다. 그러나 이로 말미암아 국가의 자주성에 관련된 정치적, 문화적 발달과 관련된 민감한 문제를 야기시키고 있는 것도 사실이다. 本 硏究에서는 한국의 國際데이터流通構造를 결정하는 결정요인으로서 言語變因은 제외하기로 했다. 왜냐하면 국제데이터유통에 사용되는 컴퓨터언어는 이미 世界共通의 言語이며, 또한 우리 한글과 공통되는 언어를 가진 나라는 없기 때문이다.

그러나 국제커뮤니케이션 연구에서 소수의 연구를 제외하고는 Al Hester가 제시한 이주량(해외이민수), 여행량(상호방문수), 국제결혼빈도 등 국가경계선을 넘나드는 사람들에 대한 고려는 정보의 국제유통에 있어서 무시되어 왔다. 그러나 사람들이 한 위치에서 다른 위치로 이동할 때 그들은 육체만 이동시키는 것이 아니라 자신의 경험, 사상, 태도, 신념, 의견 그리고 목적 등도 동시에 이동시킨다. 그러므로 인간의 이동은 그 자체가 국제커뮤니케이션의 메시지이자 채널일 수가 있다. 따라서 본 연구에서는 Al Hester의 가설에서 제시된 海外移民數, 相互訪問者數, 國際結婚의 頻度를 한국의 국제데이터유통을 결정하는 요인으로 삼았다. 본 연구자는 이와 같은 사람의 이동은 국제데이터유통에도 어느 정도 영향을 미칠 수 있을 것이라고 판단하였다. 즉, 해외이주자들은 모국의 개인, 기업들과 데이터유통을 할 수도 있으며 또한 상호방문자, 국제결혼의 당사자들은 데이터유통을 할 수 있는 이용자일수도 있기 때문이다. 그러나 본 연구에서 文化的要因으로 선정한 이 변인들은 국가 간의 관계를 나타내는 변인으로서 어느 정도 양 국가 간의 文化的 紐帶感을 공유하고 있는가를 추정하는 개념으로 이해하는 것이 보다 타당할 것이다. 이 변

---

99) *Ibid.*, p.283.

인들은 국제데이터유통의 결정요인으로 작용하기보다는 국제데이터유통과 높은 상관관계를 보이는 변인일 것이다. 즉, 사람의 이동이 많아지는 현상과 국제데이터유통이라는 커뮤니케이션유통량이 증가한다는 현상은 상관관계가 높을 것으로 예측되기 때문이다.

라. 技術的要因

1970년대 중반 두 개의 과학기술의 비약적인 발전 즉 커뮤니케이션테크놀로지(情報傳達手段)와 컴퓨터(情報處理시스템)의 결합은 情報大量傳達時代의 응용방식에 새로운 문을 열었다. 현재의 추세로 보면 컴퓨터기술과 커뮤니케이션시설, 장비는 점차 서로 밀접한 관계를 맺으면서, 情報科學이라 불리우는 각 기술체계의 통합을 지향하고 있다. 이제 바야흐로 디지털컴퓨터의 출현으로 인간의 활동은 어떤 방법에서건 전산자료처리에 관련되거나 직접 영향을 받지 않는 분야가 없게 되었다.

이와 같이 국제데이터유통을 가능하게 하는 것은 매체의 기술이다. 다시 말해서 기술상의 하부구조인 컴퓨터, 커뮤니케이션설비, 통신위성은 국제데이터유통의 전제조건이 되고 있다.

현재 국제데이터유통을 하고 있는 대다수 국가들은 데이터유통의 네트워크를 공중정보통신망에 연결하여 운영하고 있으며 국가단위의 통일된 技術基準을 마련해두고 있다. 技術基準의 설정은 정보의 유통을 원활히 하고 국제 VAN의 진출을 촉진해줄 수도 있다. 그러나 각 국가별 기술기준의 차이는 다른 외국기업들에게 국제데이터유통의 의도적인 장벽으로 작용할 수 있다. 대다수 국가들은 공중정보통신망에 연결되는 국제데이터유통기기들을 규제하고 있다. 이와 같은 기술기준은 자국의 국제데이터유통 시스템과 인터페이스가 가능한 설비들만 이용 가능하도록 하는 것이다. 이와 같은 技術基準의 差別化에 대응하여 ITU와 같은 일부 국제기관에서는 국제데이터유통 設備基準의 일치를 위한 작업을 진행하고 있다.

  본 연구의 실증분석에서는 국제데이터유통의 결정요인으로서 기술적 요인은 생략하기로 한다. 왜냐하면 커뮤니케이션 하부구조가 준비되지 않고서는 사실상 국제데이터유통이 불가능하기 때문이다.

마이크로일렉트로닉스 기술의 발전

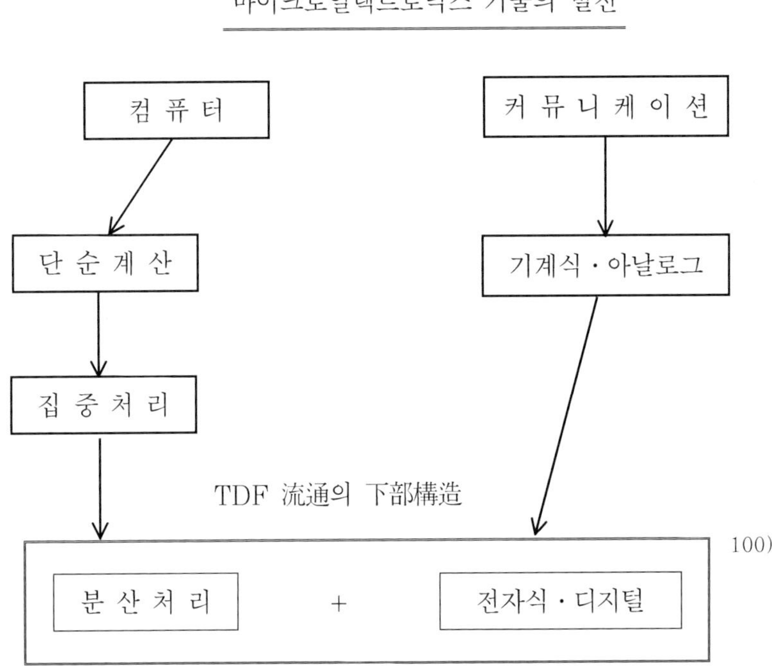

100)

──────────────
100) 成克濟, "情報通信産業 및 서비스의 國際化趨勢에 關한 研究", (通信政策研究所, 1987. 12). pp.4-7.

마. 物理的要因

국가 간 정보유통을 결정하는 物理的要因으로서는 (1) 地理的 接近性 (國家間 距離), (2) 國家의 크기, ⑶ 人口 등이 제시된다.101) Galtung 과 Ruge는 뉴스를 유통하는 국가들 사이에 지리적 거리가 멀수록 그 사건이 뉴스로 채택되는데 否定的인 影響을 미치게 됨을 주장하였다. 즉 29개 나라에 대한 연구에서 가장 주목할 만한 결과는 각국의 언론이 근접한 지역에서 일어나는 사건이나 인물에 대해 가장 큰 관심을 보인다는 소위 '地域性의 優勢(prominence of regionalism)'이다. 국제기사들이 주로 지리적 근접성에 의해 보도된다는 연구결과는 부분적으로 나마 자국과 관련이 깊은 뉴스가 보도된다는 소위 '자국중심의 보도(nation centric coverage)' 개념과 일치되고 있다 하겠다.102)

Al Hester는 국가의 크기를 국가서열의 하부체계로 보았고, 또한 일부 정보유통연구에서 인도, 브라질 등과 같이 국가의 면적이 큰 국가가 국가 간 정보유통에서 중요한 위치를 차지하고 있음을 발견하였다. 인구변인은 정보유통의 잠재적 수동자의 크기로 이해할 수 있을 것이다. Al Hester는 인구를 국력의 하부체계로 보고 있다.103) 이상과 같이 살펴본 변인들은 주로 單獨變因으로 사용된 연구결과들이다. 그러나 일부 연구들은 위에서 사용된 여러 변인들을 동시에 사용하여 이를 統計的으로 檢證하고자 했다. 따라서 여러 변인들을 동시에 사용한 多元的接近方法이 뉴스유통연구에서나 국제데이터유통연구에서보다 적절할 것으로 판단된다. 정보유통연구에서 이와 같은 다원적 접근방법을 체계적으로 제시한 것은 Al Hester라고 할 수 있다.

---

101) 徐正宇, 前揭書, pp.226-227.
102) Galtung and Ruge, op. cit.
103) 徐正宇, 前揭書, p.228.

바. 多元的 接近方法

(1) Al Hester의 국제정보유통에 관한 상황구조적 접근방법(logistic paradigm)[104]

Al Hester는 국가 간 정보유통을 야기시키는 변인들을 발견하게 된다면 국제정보유통을 예측할 수 있다고 주장했다. 그는 국제사회에서 국가 간 勢力位階의 序列化, 선진국과 후진국 사이에 존재하는 경제관계의 불균형, 국가 간 문화적, 역사적 친밀성 등이 국제정보유통량의 불균형을 초래한다고 지적하면서 소위 정보유통에 관한 Al Hester의 가설 [105]을 제시했는데, 이 가설에서는 정보유통을 결정하는 獨立變因으로서 국가 간의 서열(power hierarchy)과 文化的 類似性(cultural affinity), 經濟(economic

---

104) Al Hester, "International Information Flow", in Heins, D. Fischer and John C. Merril(des.), *International and Intercultural Communication*, (N. Y.: Hastings House Publishers), 1976, pp.242-250.

105) Al Hester의 가설
 1. 정보는 국가체제의 위계질서(power hierarchy) 관계상 서열이 높은 나라에서 서열이 낮은 나라로 흐를 것이다(국가 간 위계질서를 측정하려면 국가 간 서열(ranking)을 측정해야 한다)
 2. 서열이 높은 나라로부터 낮은 나라로 흐르는 정보의 양은 서열이 낮은 나라에서 높은 나라로 흐르는 양보다 많을 것이다.
 3. B라는 국가에 위협적으로 느끼는 A라는 국가의 정보는 B라는 국가에 위협적으로 느끼지 않는 C라는 국가의 정보보다 많이 흐를 것이다.
 4. 문화적, 역사적 친밀성(cultural and historical affinities)을 가진 국가 간의 정보유통은 그렇지 않은 정보의 유통보다 더 클 것이다.
 5. 활발한 경제관계(active economic relationship)를 가진 국가들 사이의 정보유통은 그렇지 않은 국가 간의 정보유통보다 클 것이다.
 6. A국가가 B국가에 경제적 의존성이 클수록 B국가에서 A국가로 흐르는 정보의 양은 A국가에서 B국가로 흐르는 정보의 양보다 클 것이다.
 7. 종주국(mother country) 또는 과거 종주국이었던 국가에서 식민지국가로 유입(inflow) 되는 정보의 양은 식민지국가에서 종주국으로 흐르는 정보의 양보다 많을 것이다. 그렇지 않다면 식민국이었던 국가가 현재는 국가 간의 세력위계에서 높은 위치를 차지하고 있을 것이다.

94

association)를 들고 있다. 또 그는 이와 같은 독립변인의 操作的 定義를 다음과 같이 제시하고 있다.

첫째, 국가 간의 勢力序列(power hierarchy): 國家의 크기(geographical size), 人口, 經濟的 富(economic wealth), 産業發展, 獨立國家로서의 국가의 존속기간 등 總計的인 資料(aggregate data)를 근거로 國家序列(ranking)을 측정해야 한다.

둘째, 국가 간의 문화적, 역사적 친밀성(cultural-historical affinity); 이는 국가 간의 언어의 공유, 국가 간 이주민의 수, 여행자의 수, 국제결혼의 수, 식민－종주국의 관계로 측정할 수 있다.

셋째, 국가 간의 경제관계: 국가 간의 무역량, 외국인 투자의 정도 등으로 측정할 수 있다.

본 연구에서는 한국의 국제데이터유통 측정 시 國力變因을 Al Hester의 勢力序列로 보고자 한다. 많은 학자들이 국력을 국제데이터유통을 결정하는 중요한 변인으로 보고 있지만 국력에 대한 조작적 정의를 가장 체계적으로 규정한 것이 Al Hester의 세력서열이라 판단했기 때문이다. 이미 앞에서도 지적했지만 Al Hester가 문화적 요인으로 제시한 언어의 공유, 식민－종주국의 관계는 한국의 국제데이터유통과는 관련성이 없기 때문에 제외하기로 한다. 따라서 Al Hester가 문화적 요인으로 제시한 이주민의 수, 여행자의 수, 국제결혼빈도는 본 연구의 문화적 요인으로 선정하였다.

(2) 復合變因을 사용한 狀況構造的 接近方法과 統計方法의 適用

Al Hester 외에도 많은 학자들이 복합변인을 사용한 다원적 접근방법을 통해 정보유통량을 결정하는 요인들을 추출해 내고 있다. Dupree[106]는 인구, 투자액 등 11개 변인을 이용하여 이를 回歸分析(regression

---

106) J. D. Dupree, "International Communication: View from a Window on the World", in *Gazette 17*, 1971, pp.224-235.

analysis) 방법을 통해 정보유통량의 41%가 이들 변인으로 설명될 수 있다는 연구결과를 제시하고 있다. Rosengreen[107]은 국민총생산, 무역량, 지리적 근접성으로 국제정보유통 변량의 1/3 또는 2/3를 설명했으며, De Verneil[108]은 국민총생산, 무역량은 뉴스보도량을 결정하는 중요한 요인임을 입증하고 있다. Rosengreen은 정보유통을 결정하는 요인을 측정하는데 多變因回歸分析 방법을 제시하고, 이를 통해 국가 간의 지리적 거리, 전체 수입, 수출량, 인구 등이 외국에서 일어난 선거에 관련된 기사를 효과적으로 설명하고 있음을 보여주고 있다.

한편 T. Ahren은 국가를 분석단위로 하여, 각 국가의 정치, 경제적 특성을 중심으로 한 國家的 變因과 國際情報量(미국신문의 外信報道量) 사이의 관계를 通路分析(path analysis)방법을 사용하여 분석하였다. 그는 因果的 模型을 통해 독립변인으로는 국가의 국민총생산(GNP), 미국과의 무역량, 미국과의 정치적 관계를 종속변인으로는 정보량을 설정하였다. 또한 인구, 면적은 국민총생산을 결정하는 독립변인으로, 거리, 정치체제는 무역량을 결정하는 독립변인으로 설정하였다. T. Ahren의 연구모형과 연구결과를 요약하면 다음 표와 같다.

그러나 T. Ahren의 인과적 모형을 국제데이터유통연구에 적용할 때 본 연구자의 판단으로는 다음과 같은 研究方法上의 몇 가지 문제점을 지니고 있다고 판단된다. 첫째, 시간순위(time priority)의 문제를 지적할 수 있겠다. 인과적 모델을 설정하려면 변인들 사이에 시간상 우선순위가 명백해야

---

107) Karl Erik Rosengreen, "International News: Methods, Data, and Theory", in *Journal of Peace Research* 11(2), 1974, pp.145-156.

108) A. J. De Verneil, "A Correlation Analysis of International Newspaper Coverage and International Economic, Communication, and Demographic Relationships", in B. D. Rubin(ed.), *Communication Yearbook I*, (New Brunswick, N. Y. Transaction Books), 1977, pp.232-247.

하는데, 경제적 생산성, 무역량이 외교관계보다 시간상 先行變因이라는 근거가 미약하다. 둘째, 통로분석 방법은 相互性(reciprocality)을 측정할 수 없는 데도 불구하고 Ahren의 모델에서는 국민총생산, 무역량 사이에 상호관계를 설정해두고 있다. 셋째, 통로분석방법을 적용할 경우 인구, 면적, 지리, 정치체제는 국민총생산, 무역량에만 다이어그램의 선이 연결뿐만 아니라, 정치관계, 정보량에도 선이 연결되어야 한다. 그러므로 본 연구자는 데이터유통의 결정요인을 측정하는 데 있어 인과적 모형은 부적절하다고 판단하였다. 즉 변인들 간에 시간순위를 설정하기가 이론적으로 분명하지 못하며, 또한 시간순위를 설정하게 되더라도 시간순위가 빠른 변인이 통계적으로 Beta Weight가 높게 측정될 우려가 있으며 따라서 그 결과적으로 시간순위가 빠른 변인이 데이터유통 결정요인으로 그 중요도가 높게 나타나게 됨으로써 통계상의 오류가 발생하게 될 것이다.

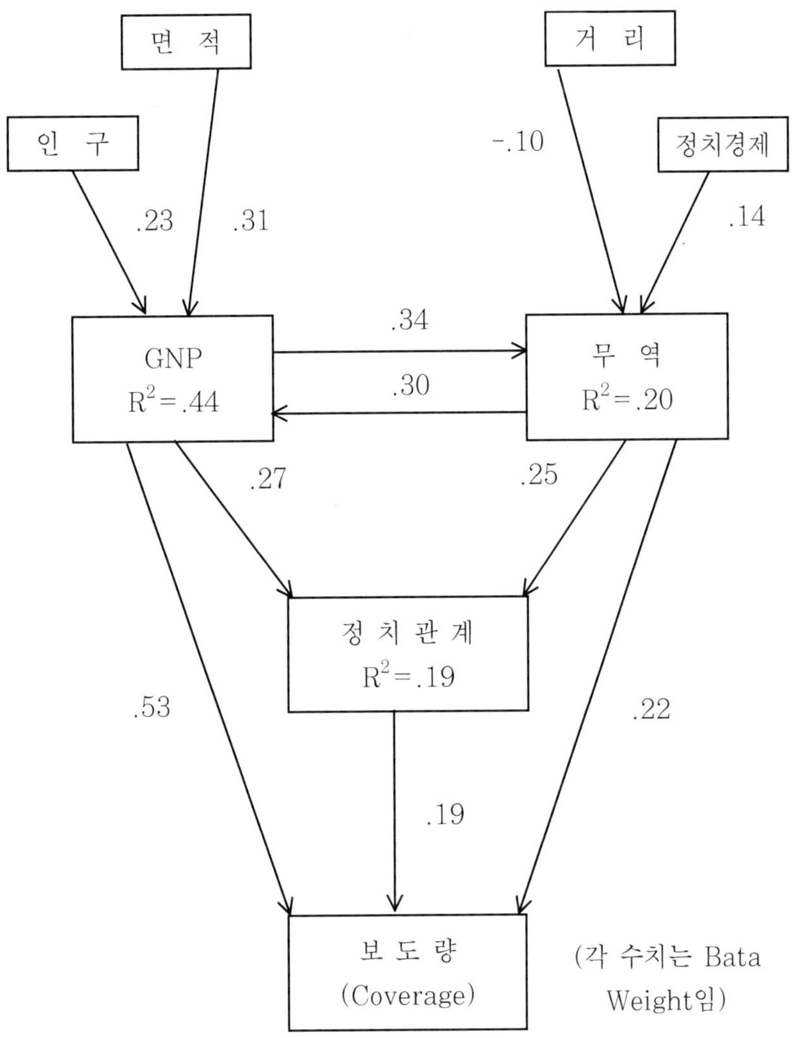

　따라서 본 연구에서는 상황구조적 접근방법에서 일반적으로 적용되고 있는 다변인 회귀분석방법을 통해 국제데이터유통을 결정하는 요인을 발견해 보기로 한다.

　본 연구에서는 이상과 같이 국제데이터유통 결정요인을 기존의 뉴스유통연구에서 사용된 변인들을 검토하여 다음과 같은 변인들을 국제데이터유통을 결정하는 변인으로 삼았다.

첫째, 政治的 要因으로는 국가서열, 외교관계 변인을 선정하였다. 외교관계변인은 외교관계자의 출입국수, 상호 조약수로 다시 분류하기로 했다. 국가서열은 Al Hester가 조작적 정의를 따르기로 한다. 둘째, 經濟的 要因은 국민총생산, 무역량, 다국적기업수를, 셋째, 文化的 要因은 식민지관계와 언어변인은 생략하고 Al Hester 이 제기한 이주량(해외이민수), 여행량(상호방문수), 국제결혼의 빈도를 선정하였다. 넷째, 物理的 要因으로는 지리적 근접성, 국가의 크기, 인구 등 기존연구에서 사용되었던 변인들을 국제데이터유통의 결정요인으로 선정하였다.

第2節 調査問題 및 仮說

〈研究問題 3〉을 해결하기 위해 實證主義的 方法을 통해 해답을 구해보고자 하는 바, 선행연구와 第3章 第1節을 토대로 다음과 같은 調査問題 및 仮說을 설정하고자 한다.

조사문제 1과 2는 상황구조적 요인과 국제데이터유통과의 相關係數(correlation coefficient) 및 相對的 奇與度(Beta Weight)를 분석함으로써 상황구조적 접근방법을 통해 국제데이터유통에 어느 정도 관련성이 있는가를 분석하고자 하는 것이다. 둘째, 調査問題 3은 差異檢證을 통해 Galtung의 가설과 정보지역의 개념 중 어느 것이 더 타당한지를 알아보고자 하는 것이다. 調査問題 4는 커뮤니케이션변인이 세 국가군을 판별할 수 있는지 여부를 분석함으로써 커뮤니케이션변인이 국제관계를 설명하는 유용한 기준들이 될 수 있는가를 알아보고자 하는 것이다. 조사문제 5는 상황구조적 접근방법을 통해서 논리적으로 추론된 변인들이 커뮤니케이션변인들을 설명하는 데 어떤 변인들이 유용하며, 어떤 변인들이 유용하지 않은가를 알아보고자 하는 것이다.

〈調査問題〉

1. 政治的 要因, 經濟的 要因, 文化的 要因, 物理的 要因과 國際데이터流通量, 뉴스流通量과의 相關關係는 어떠한가?

2. 政治的 要因, 經濟的 要因, 文化的 要因, 物理的 要因과 국제데이터유통량, 뉴스유통량을 결정하는 가장 중요한 요인은 무엇인가?

3. 세 國家群(미국―일본, 유럽, 아시아국가)은 국제데이터유통량, 뉴스유통량에서 差異를 나타내고 있는가?

4. 國際데이터流通量, 뉴스流通量은 세 國家群을 判別할 수 있는가? 또 政治的要因, 經濟的要因, 文化的要因, 物理的要因, 국제데이터유통량, 뉴스유통량은 세 국가군을 判別할 수 있는 要因이 되는가?

5. 국제데이터유통량, 뉴스유통량을 상황구조적 접근방법 측면에서 연구할 때 有用한 變因들은 어떠한가?

〈假 說〉

1. 調査問題 1에 대한 假說

(1) 국제데이터유량은 經濟的 要因과 相關關係가 가장 높을 것이다.

(2) 뉴스流通量은 經濟的 要因보다 政治的 要因, 文化的要因과 相關關係가 높을 것이다.

(3) 국제데이터流通量과 뉴스流通量과는 相關關係가 낮을 것이다.

(4) 국제데이터流通量, 뉴스流通量과 經濟的 要因과의 相關關係는 文化的 要因, 物理的 要因보다 相關關係가 높을 것이다.

2. 調査問題 2에 대한 假說

(1) 국제데이터유통량을 決定하는 變因 중 經濟的 要因이 相對的 奇與度 (relative contribution)가 가장 클 것이다.
(2) 政治的 要因은 뉴스유통을 決定하는 가장 중요한 要因이 될 것이다.

3. 調査問題 3에 대한 假說
(1) 세 국가군은 국제데이터유통량에서 차이를 보일 것이다. 즉, 미국－일본의 국가군은 유럽, 아시아국가보다 더 많은 국제데이터유통량을 보일 것이다.
(2) 세 國家群은 뉴스流通量에서도 差異를 보일 것이다.

4. 調査問題 4에 대한 假說
(1) 국제데이터流通量은 세 國家群을 判別하는 데 有用한 變因이 될 것이다.
(2) 뉴스流通量은 세 國家群을 判別하는 데 有用한 變因이 되지 못할 것이다.
(3) 政治的要因, 經濟的要因, 文化的要因은 세 國家群을 判別하는 데 有用한 變因이 될 것이다.

5. 調査問題 5에 대한 假說
(1) 政治的, 經濟的要因에 속하는 變因들이 국제데이터流通量, 뉴스流通量을 결정하는 데 중요한 要因들이 될 것이다.

第3節　調査方法

1項. 國際情報流通量의　測定

(1)　國際데이터　流通量

國際데이터流通量을　測定하기 위해 1987. 1. 1부터 1987. 12. 31까지 1년간　DACOM-NET을　통해 각　나라와　한국　간에　相互流通한 Data[109] (ITT 및 RCA를 통해서 유통된 정보량을 합산한 것)의　양을 KSEG단위[110]로　측정한　것을　원자료로　이용하였다. 각　國家別　國際데이터流通量은　다음과　같다.

(2)　國際뉴스流通量

國際뉴스流通量을　측정하기 위해 1987. 1. 1부터 1987. 12. 31까지 1년간 朝鮮日報에　게재된　국제뉴스보도량을　측정하였다. 조선일보는 社 是가 中立性을　표방하고　있어 국제뉴스보도 취급량에 있어서도 국내신문 들 중에서　대표성을　유지하고　있을　것이라는　연구자의　가정하에서 意圖 的 標集方法(purposive sampling method)에　따라 資料分析對象으로 선정하였다.

---

109) 한국데이터통신(주), "사업실적보고서", 1988. 3.
110) 8 bit=1 byte(영문 1자), 64 byte=1 seg(영문 64자), 2 seg=1 packet(영문 128자), 1 kseg=64000 byte=512,000 byte임.

ITT

No.	국 가	접속시간 (H/R)	전송량 (KSEG)	No.	국 가	접속시간 (H/R)	전송량 (KSEG)
1	미 국	33,133	70,890	12	네 덜 란 드	40	39
2	일 본	705	2,500	13	호 주	28	66
3	영 국	717	2,762	14	말 레 이 시 아	13	37
4	프 랑 스	539	1,549	15	벨 기 에	3	12
5	대 만	540	1,096	16	이 탈 리 아	1	1
6	캐 나 다	505	744	17	인 도 네 시 아	0	0
7	홍 콩	398	521	18	브 라 질	0	0
8	오 스 트 리 아	84	155	19	서 독	0	0
9	싱 가 포 르	179	156	20	덴 마 크	0	1
10	노 르 웨 이	52	107	21	바 레 인	0	0
11	스 위 스	65	241	22	핀 란 드	0	0
					소 계	37,003	80,877

RCA

No.	국 가	접속시간 (H/R)	전송량 (KSEG)
1	미 국	22,163	52,490
2	일 본	4,599	10,138
3	홍 콩	1,660	3,503
4	서 독	25	67
5	싱 가 폴	4	8
6	대 만	0	0
소 계		28,451	66,207

資料의 測定方法은 신문에 보도된 국제뉴스를 국가별로 분류하여 보도량의 크기를 ㎠(가로×세로)로 측정하였다. 신문에 나타난 기사를 內容分析하는 방법은 흔히 國際關係記事의 出現頻度數, 또는 單語(word)나 文

脈單位(context unit)를 분석하는 방법이 상례이나 본 연구자는 외국의 뉴스유통량을 신문의 크기로 측정하였다. 外國通信社에서 제공하는 國際뉴스와 韓國特派員이 제공하는 記事, 또 外信을 翻譯한 記事를 총합하여 新聞紙面의 크기를 ㎠로 측정하였다.111)

2項. 狀況構造的要因의 測定

(1) 政治的要因

1) 外交關係: 經濟企劃院 調查統計局에서 발행한 「韓國統計年鑑」(1986년)을 이용하여 1985년도에 각 국가별로 한국에 외교관계로 入國한 사람의 수와 국가별로 出國한 사람의 수를 합산하였다.

2) 國家序列(Hierarchy of Nations): 국가서열은 Ostgaard, Hester, Rosengreen이 제시한 國民總生産, 經濟發展, 政治的安定, 面積, 人口 등을 Al Hester의 總計的인 資料(aggregate data)의 개념을 적용하여 3인의 조사자를 통해 信賴度 檢査를 거친 후 國家別 序列을 제시하였다. 서열의 순

---

111) 국제뉴스유통에 관한 측정방법은 Hamid Mowlana의 지적대로 방법론적 체계성을 결여하고 있다. Mowlana는 첫째, 뉴스에 대한 정의가 애매모호해서 뉴스를 구성하는 요소가 무엇인지에 대해 연구자에 따라 조작적 정의가 다르게 나타나고 있으며, 둘째, 연구자에 따라 조작적 정의가 다르게 나타나고 있으며, 셋째, 연구자에 따라 뉴스에 관한 측정방법이 일치되어 있지 않다고 지적하고 있다. 〈H. Mowlana(ed.), *International Flow of News*, (UNESCO), 1985, pp.10-15.〉
신문의 크기를 재는 방법은 기존 국제뉴스유통량을 측정하는 출현빈도수나 문맥단위를 계산하는 방법보다 다음과 같은 장점이 있다고 판단되었다. 첫째, 문맥단위로 기사량을 측정할 경우 사진, 그림의 비중이 나타나지 않게 되는데, 이 방법을 적용하면 사진, 그림의 크기도 기사량에 포함시킬 수 있으며, 둘째, 기사의 출현빈도를 측정할 경우 「기사의 크기와 비중」이 고려되지 않고 기사량이 계산될 우려가 있는데 이 방법론은 이와 같은 기존연구방법의 약점을 해결할 수 있다고 판단되었다.

서는 통계적 처리를 위해 서열이 가장 높은 국가의 순서대로 16, 15, 1
4,…… 1의 순서로 序列点數를 환산하였다.112)

3) 相互條約數: 外務部에서 발행한 「大韓民國條約目錄」을 통해 1986년
12월 31일까지 대한민국이 당사자로 되어 있는 양자조약 중 한국이 세계
각 국가와 맺고 있는 條約回數로 하였다.(다자간 조약은 경제관계 협약
이 많으므로 생략했다.)

(2) 經濟的要因

1) 貿易量: 1987년 經濟企劃院 調査統計局에서 발행한 「主要海外經濟
指標」를 통해 1986년 각국의 한국에 대한 輸出量, 輸入量을 합산하였다.
(단위 백만 $)

2) 海外支社數: 해외지사수는 한국에서 각 국가별로 파견한 해외지사
의 수를 조사하였다. 각 국가에서 한국으로 파견한 해외지사수는 통계자
료도 구하지 못했다. 자료는 1987년 社團法人 韓國貿易協會에서 발행한
「貿易業體海外支社總覽」을 참조하였다.

---

112) 신뢰도 검사

국가서열에 대한 신뢰도를 측정하기 위해 3인의 조사자를 선정하여, 16
개 국가의 면적, 인구, 국민총생산(GNP)을 연구자가 제시하고, 경제발
전, 정치적 안정은 조사자의 임의대로 판단하도록 한 후 각 국가별 순위
를 정하도록 하였다. 3인의 조사자(조사자는 커뮤니케이션전공 박사과정
이수자 1인, 국제경제학전공 석사학위 소지자 1인, 외교학전공 석사학위
소지자 1인임)의 조사결과는 coefficient of reliability test를 통해 신
뢰도를 검사하였다.

$$C.F(CoeffcientofReliability) = \frac{3 \times 14(Matehes)}{16 + 16 + 16 + (coder수)} = 0.875$$

(신뢰도가 높음으로 분석에 임함)

⟨Guido H. Stemple and Bruce H. Westley, *Research Methods
in Mass Communication*, (N. Y.: Prentice-Hall. Inc.), 1983,
p.143.⟩

3) 國民總生産: 1987년 經濟企劃院 調査統計局에서 발행한 「主要海外經濟指標」를 통해 1986년 각국의 국민총생산(GNP)를 참조하였다.(단위 10억 $)

(3) 文化的 要因

1) 相互訪問者數: 방문자수는 1987년 觀光産業研究所의 「韓國觀光年鑑」을 참조하여 국가별로 한국에 입국한 방문자수를 조사하였다.(한국에서 외국에 방문한 사람수를 합산해야 했으나, 4개국 통계가 추출되지 않아 入國者數만을 선정하였다. 그러나 한국의 입국자수와 한국에서 외국으로 출국한 출국자수의 비율이 국가별로 유사하기 때문에 상호 방문자수로 명명하기도 하였다.)

2) 海外移民數: 외국에서 한국으로 이민 온 수는 거의 없기 때문에 한국에서 조사대상국가로 이민한 사람의 수를 1987년 「韓國海外開發公社」에서 발간한 「外國移民進出環境과 擴大方案」에서 추출하였다.

3) 國際結婚: 1987년 韓國海外開發公社에서 발간한 「外國移民進出環境과 擴大方案」에서 1986년도에 한국인과 결혼한 외국인의 국제결혼의 빈도를 국가별로 추출하였다.

(4) 物理的 要因

1) 地理: 地球儀(1:14,000)를 서울(한국)과 각국의 수도를 연결하는 直線距離로 측정한 후 이를 다시 1/직선거리로 환산하여 자료를 산출하였다. 지리의 개념을 1/직선거리로 환산한 것은 통계처리상(상관관계) 지리적 거리가 가까울수록 Communication양을 증가할 것이라는 가정을 전제로 한 때문이다. 地理的 概念을 측정한 것은 지리적 거리가 가까울수록 국제커뮤니케이션유통량이 많을 것이라는 Galtung과 Ruge의 地域性의

優勢(prominence of regionalism)의 개념을 적용해 본 것이다.

2) 面積: 1987년 經濟企劃院 調査統計局에서 발행한 「主要海外經濟指標」를 통해 각 국가의 면적(㎢)을 추출하였다.

3) 人口: 1987년 經濟企劃院 調査統計局에서 발행한 「主要海外經濟指標」를 통해 각 국가와 인구를 산출하였다.

第4節 調査對象의 特性
(韓國 國際데이터流通의 現況分析)

우리나라에서 국제데이터유통이 유통된 것은 1982년 11월 당시 韓國데이터通信株式會社(DACOM)가 美國의 國際關門局인 ITT World Com社와 계약에 의거, ITT를 통하여 세계 52개국과 연결하여 국제데이터유통을 개시하고부터이다. 그 후 1984년 7월 25일 1차적으로 서울, 釜山, 大邱에 국제데이터유통을 가속화하는 패킷교환시스템이 도입되었는데, 이 시스템은 한국의 국내데이터의 유통뿐만 아니라, 국제간의 데이터의 유통의 하부구조가 되고 있다. 이어 DACOM에서는 1985년 미국의 RCA Globcom과 계약을 맺어 국제데이터유통 네트워크를 확장하였다. 한국 데이터유통의 특성을 制度, 內容, 채널, 受容者 측면에서 살펴보면 다음과 같다.

1項. 制度的 特性

우리나라의 현행 電氣通信法에 의하면, 제48조 2항에 의해 허가를 얻으

면 다수의 公衆데이터通信網의 출현이 가능하게 되어있다. 1987년 12월 30
일자로 개정 공포된 電氣通信基本法 제7조 2항에 의하면 遞信部長官으로
부터 公衆電氣通信事業者로 지정받으면 누구나 공중통신사업자 업무를 개
시할 수 있다고 되어 있다. 「單一 公衆데이터通信網 優先의 原則」에 따라
DACOM에서 한국의 국제데이터유통을 전담하고 있다.(DACOM, 데이터
통신, 1984. p.19).

公衆通信網이라 함은 「누구로부터 누구에게든지 통신이 가능한 망」을
말하는 것으로 이것은 원칙적으로 「모두에게 통신이 가능하도록 한다」는
국가정책을 실현하는 하나의 방법이 될 수 있다. 情報의 自由流通原則을
주장하는 미국과 같은 경우를 제외하고, 대부분의 나라가 通信主管廳이나
國營會社가 데이터통신망을 독점하고 있는 경향이 있으며 우리나라도
DACOM이 국제데이터유통을 독점체제로 운영하였다.113) 이와 같은 국

---

113) 초기의 통신사업은 자본주의 사회에서 국가에 의한 독점이 유지되어온 영
역이었다. 여기서 말하는 독점이란 첫째, 통신망의 배타적 공급, 둘째, 통
신망사용에 대한 통제, 셋째, 통신망에 접속하는 기기의 규제를 의미한다.
일본우정성보고서인 「TDF」는 텔리커뮤니케이션의 독점근거를 다음과 같
이 제시하고 있다.
(1) 자연독점론(Natural Monopoly)
자연독점이란, 생산을 행할 때에 「규모의 경제」가 시장의 크기에 비해 그
다지 크지 않기 때문에 그 산업의 산출을 하나의 기업만으로 생산하는 경
우 가장 효율이 좋다는 것이다. 즉 통신망의 일원적, 종합적인 계획과 관
리에 의해 통신망의 능력에 최적 배분이 이루어지며 통신망의 구성요소를
표준화할 수 있기 때문이다.
(2) 텔리커뮤니케이션은 공공서비스이다.
공공서비스는 국내전역에 걸쳐 골고루 평등한 서비스를 제공해야 한다.
이를 위해서는 서비스의 제공자가 독점체제를 통해 가격의 내부 상호보조
를 할 필요가 있다. 내부 상호보조란 낮은 가격의 서비스를 받는 고객으
로부터 가격 이상의 요금을 취하고, 높은 서비스를 받는 고객으로부터는
가격 이하의 요금을 받아서 이들 전체의 균형을 유지하는 것을 의미한다.
이 내부 상호보조는 자유경쟁시장에서 영업을 하는 사기업에 있어서는 사
실상 실행할 수 없다.

제데이터유통 관리상의 독점체제는 한국의 國際데이터流通의 方向과 量을 결정하는 데 다음과 같은 요인으로 작용할 수 있다. 첫째, 국가기관의 國際데이터流通 開放과 規制戰略에 따라, 국제데이터유통이 영향을 받게 된다. 즉 국제데이터유통 운용상의 독점체제에서는 國家機關의 政策方向이 국제데이터유통의 inflow와 outflow를 결정하는 데 중요한 요인으로 작용할 수 있으며, 국제데이터유통을 제한(regulation)하는 제도적 수단이 될 수 있다. 유럽의 대부분의 국가에서도 국제데이터유통의 국가 독점체제를 유지하여 國際데이터流通의 流入을 제한하고 있다. 둘째, 국가기관이 국제데이터유통을 결정하는 나라에서는 政治的 要因의 하나인 이데올로기요인이 국제데이터유통을 결정하는 중요한 변인이 될 가능성이 매우 높다.

2項. 國際데이터流通 對象國家

현재 우리나라와 국제데이터유통이 가능한 국가는 아시아지역 15개국, 北美地域 2개국, 中美地域 9개국, 南美地域 4개국, 유럽지역 17개국, 아프리카지역 3개국, 오세아니아지역 2개국 등 총 52개국으로 되어 있다.

---

(3) 텔리커뮤니케이션은 국가의 안전, 경제발전에 필수적이다. 따라서 이러한 국가적, 사회적 요청에 부응하기 위해서는 많은 비용이 뒤따른다. 그러나 산업적으로 봐서는 텔리커뮤니케이션은 성장과 불완전한 것이고, 특히 개발 초기 서비스단계에서는 원조자금이 필요하다.

國際데이터流通地域

> (1) 아시아지역: 바레인, 중공, 대만, 홍콩, 인도네시아, 이스라엘,
> 일본, 쿠웨이트, 필리핀, 카타르, 사우디아라비아, 싱가포르, 태
> 국, 아랍에미리트연합, 두바이
> (2) 북미지역: 미국, 캐나다
> (3) 중미지역: 바하마, 바아베이도즈, 버뮤다, 도미니카, 푸에르토리
> 코, 쿠라카올, 프랑스, 안틸레스, 리유니온, 버진 아일랜드
> (4) 남미지역: 아르헨티나, 브라질, 칠레, 콜롬비아
> (5) 유럽지역: 오스트리아, 벨기에, 덴마크, 프랑스, 핀란드, 서독, 그
> 리스, 아일랜드, 이태리, 룩셈부르크, 네덜란드, 노르웨이, 포르투
> 갈, 스페인, 스위스, 영국
> (6) 아프리카지역: 가봉, 남아프리카, 아이보리코스트
> (7) 오세아니아지역: 호주, 뉴질랜드

　그러나 1987년 우리나라와 실제 국제데이터유통을 한 나라는 ITT관문국을 통해 16개국(미국, 일본, 영국, 프랑스, 대만, 캐나다, 홍콩, 오스트리아, 싱가포르, 노르웨이, 스위스, 네덜란드, 호주, 말레이시아, 벨기에, 이탈리아)이었으며, RCA를 통해서는 5개국(미국, 일본, 홍콩, 싱가포르, 대만)이 국제데이터유통을 하고 있다. 情報流通對象國家의 特性을 보면 우리나라와 정보유통을 하고 있는 나라는 주로 미국, 일본, 유럽 및 아시아 新興工業國이었으며, 共産 國家와는 데이터의 국제유통이 이루어지지 않고 있었다. 따라서 앞으로 국제정보유통에서 이데올로기요인은 점차 그 영향력을 상실할 것이라는 Allen의 연구결과나 徐正宇의 지적은 한국의 국제데이터유통에 있어서는 부정되었다고 할 수 있다.

3項. 國際데이터流通의 內容 및 受用者의 特性

현재 DACOM에서 제공하고 있는 국제데이터유통의 내용을 보면 다음과 같다.

(1) 情報傳送시스템

88년 1월 DACOM에서 발행한 「데이터通信」은 "情報傳送시스뎀의 대부분이 外國企業들의 한국지사가 가장 많은 비율을 차지하고 있으나 국내수출의 활성화로 인해서 국내대기업과 외국기업과의 컴퓨터 커뮤니케이션이 활성화되기 시작했고, 일부 대기업의 경우 외국에 있는 지사와의 컴퓨터 커뮤니케이션을 위해 데이콤네트를 이용하는 경향이 생겨나기 시작했다"고 지적하고 있다. 또한 1988년 데이콤사업실적 보고서에서 제시한 한국의 국제데이터유통량을 보면 데이터베이스를 통한 유통량은 6679KSEG로서 전체 국제데이터유통량의 약 4.55%를 차지하고 있다. 이상에서 보는 바와 같이 우리나라의 국제데이터유통은 해외기업의 본사와의 네트워크로 주로 이용되는 정보전송시스템이 전체 국제데이터유통량의 약 95% 정도를 차지하고 있다.

(2) 데이터베이스

우리나라에 제공되고 있는 데이터베이스의 내용을 보면 다음과 같다.

DB명	국　가	내　　용	이용기관	유통량 (KSEG)
DIALOG	미국	학술, 산업과학기술, 특히 특허 부문이 우수, 약 270여 개의 데이터베이스보유	151개 기관	6557.868
JOIS	일본	과학기술, 의학	20개 기관	109.486
GSI-ECO	프랑스	경제관계지수 정보제공 및 분석처리를 위한 소프트웨어	7개 기관	1.447
QUESTEL	프랑스	종합정보은행, 유럽관계정보, 화학과 특허권관계정보우수	6개 기관	9.955

　위 표에서 보듯이 현재 우리나라에서 사용되고 있는 데이터베이스는 (이 자료는 86년 4월 15일 기준으로 작성된 것임, 단 국제데이터유통량은 한국데이터통신(주), 사업실적보고서, 1988. 3월을 기준으로 한 1987년의 한국의 데이터베이스유통량임.) 학술, 산업, 과학기술, 경제데이터 및 분석처리를 위한 소프트웨어, 화학, 특허 정보 등 발전정보라 할 수 있다. 데이터베이스의 이용 현황을 보면 일반기업이 77개 기관으로서 전체의 41.8%로 제일 높은 비중을 차지하고 있으며, 그 다음으로는 연구기관이 40개 기관으로서 전체의 21.7%를 차지하고 있다. 그 외에도 이용자의 분포를 살펴보면, 정부기관, 산업체, 변호사사무실, 각종 협회는 물론 개인에 이르기까지 다양하다. 따라서 이와 같은 데이터베이스의 현황을 볼 때, 기업정보(비즈니스, 산업, 과학기술, 특허정보)가 학술정보보다 많다는 것을 추론해 볼 수는 있겠다. 우리나라의 국제데이터유통을 이용하고 있는 대상은 주로 企業體임을 알 수 있다. 따라서 우리나라 국제데이터유통은 經濟的 要因과의 관련성이 높다는 것을 알 수 있다.

우리나라 데이터베이스 利用機關　　　　　　　　　〈86년 4월 15일 기준〉

이 용 기 관	DIALOG	JOIS	GSI-ECO	QUESTEL	계	비율(%)
정 부 기 관	5		1		6	3.3
국영기업체	16	1			17	9.2
일반기업체	62	11	2	2	77	41.8
금 융 기 관	4				4	2.2
연 구 기 관	33	5	2		40	21.7
학　　　교	12				12	6.5
언 론 기 관	1				1	0.5
개　　　인	4			2	6	3.3
기　　　타	14	3	2	2	21	11.4
합　　　계	151	20	7	6	184	100.0

4項. 國際데이터流通 채널의 特性

　첫째, 우리나라 국제데이터유통 채널은 미국의 ITT, RCA 2개 국제관문국을 통해 미국을 비롯한 전 세계 국가와 네트워크가 연결되어 있다. 미국은 물론이거니와 미국 이외의 국가에서 한국으로 유입되는 정보나 한국에서 외국으로 유출되는 정보도 미국의 국제관문국을 통해서 전달되고 있다. 우리나라의 國際데이터流通 利用者는 이용자단말기→DACOM NET→통신위성→국제관문국→각국 공중정보통신망(PDN)→이용자단말기 과정을 거쳐 국제데이터유통을 하게 되며, 외국의 정보가 한국에 유입될 때는 반대의 절차를 거치게 된다. 이것은 미국이 국제데이터유통의 하부구조를 독점하고 있음을 보여주고 있는 것이며, 전 세계의 국제데이터유통 네트워크의 의존성을 보여주는 것이다.

　둘째, 국제데이터유통의 下部構造라 할 수 있는 패킷교환시스템이 서울, 부산, 대구를 비롯하여 중소도시에 연결되어 있어 地域間 情報流通의 不均衡現象을 볼 수 있다.

DACOM-NET 국내외 연결전망도

해 외

DACOM-NET과 연결 가능한 세계 52개국

아시아지역

바레인, 중공, 대만, 홍콩, 인도네시아, 이스라엘, 일본, 쿠웨이트, 필리핀, 카타르, 태국, 사우디아라비아, 싱가폴, 아랍에미리트연합, 두바이

북미지역

미국, 캐나다

중미지역

바하마, 바베이도즈, 버뮤다, 도미니카, 푸에르토리코, 쿠라카오, 안틸레스, 리유니언, 버진 아일랜드

남미지역

아르헨티나, 브라질, 칠레, 콜롬비아

유럽지역

오스트리아, 벨기에, 덴마아크, 프랑스, 핀랜드, 서독, 아일랜드, 그리스, 이태리, 룩셈부르크, 네덜란드, 노르웨이, 포르투칼, 스페인, 스웨덴, 스위스, 영국

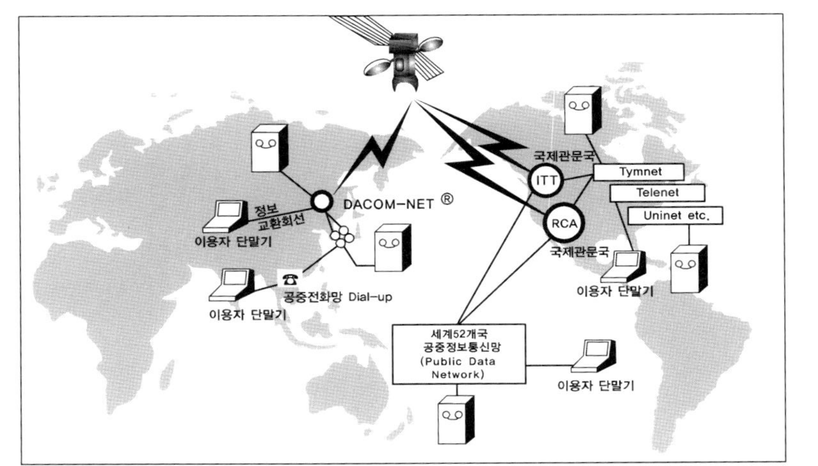

아프리카지역

가봉, 남아프리카, 아이보리코스트

오세아니아지역

호주, 뉴질랜드

한국데이터통신주식회사, 정보통신의 어제와 오늘, 1987. 4, p.236

국 내

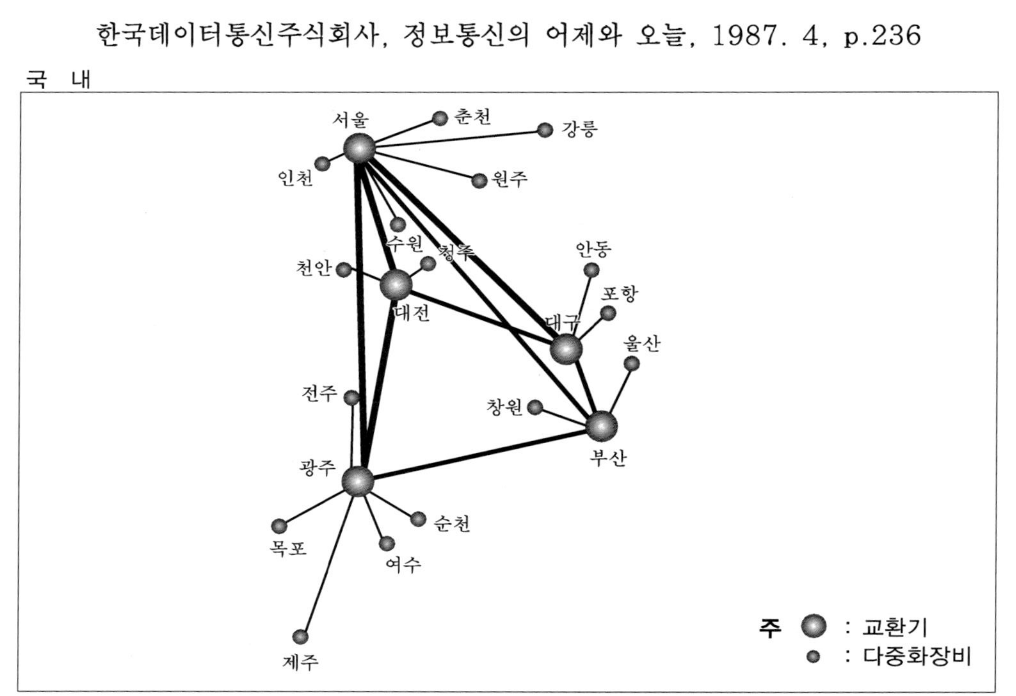

第4章 資料分析結果 및 論議

본 장에서는 먼저 각 변인의 원자료(raw data)를 Z-Score로 要因點數(factor score)화 하고 그 결과를 토대로 하여 정치적 요인, 경제적 요인, 문화적 요인, 물리적 요인과 국제데이터유통 및 뉴스유통과의 관계를 相關關係(Simple Correlation), 多變因回歸分析(Multiple Regression Analysis), 變量分析(Anova-Test), 要因分析(Factor Analysis), 判別分析(Discriminant Analysis) 등의 통계방법에 의해 분석한 연구가설의 검증결과를 제시하고자 한다.

第1節 分析資料의 産出

1項 各 變因의 값(평균치, 표준편차 포함)과 그 推移

각 변인별로 조사대상국가의 변량을 분석한 결과 변인들의 값(raw data)과 평균치와 표준편차는 〈표-1〉과 같다. 〈표-1〉에서 특징적인 사항을 살펴보면 다음과 같다(다음 페이지 참조).

첫째, 국제데이터유통량이나 뉴스유통량에 있어서 우리나라에서는 미국과의 정보유통이 가장 많은 비중(TDF=전체 유통량의 84%, 뉴스유통량=전체 유통량의 36%)을 나타내고 있으며, 일본, 영국, 프랑스 등 선진국과의 정보유통이 많은 것으로 나타나고 있다.

둘째, 뉴스유통에 있어서는 J. Galtung의 가설 중 3가설을 제외한 1가설, 4가설이 입증되고 있다(Galtung의 2가설은 이 연구에서 中心部國家間의 情報流通量이 측정되지 않았기 때문에 가설검증을 할 수 없다). 그러나 국제데이터유통량에 있어서는 4가설(일반 주변부 국가들 사이에 그리고 특히 이념이 서로 다른 국가들 간에는 정보유통이 거의 이루어지지 않고 있다) 일부가 입증되지 않고 있다. 즉 국제데이터유통량에 있어서는 우리나라, 홍콩, 대만, 싱가포르 등의 주변부 국가들(Wallerstein은 이들을 반주변부 국가로 명명하고 있다: 서한석 "신흥공업국의 주변적 특질에 관한 연구" 박현채, 이대근, 최장집(외), 〈韓國資本主義와 社會構造〉p.46에서 재인용) 사이에 국제데이터유통이 상당히 많이 이루어지고 있다. 홍콩, 대만, 싱가포르 등과의 우리나라는 데이터베이스 전송은 이루어지고 있지 않기 때문에 주로 企業間의 情報傳送시스템에 의한 국제데이터유통이 이루어지고 있음을 추론해 볼 수 있다.(조사대상의 특성 참조)

〈표-1〉各 變因의 값(平均値, 標準偏差 綜合)과 그 推移

區 分	外交關係 (出·入國者數)	國家序列	相互條約數 ('48-'85年)	貿易量 (100만 $)	海外支社數	國民總生産 (10억 $)	相互訪問者數	海外移民數	國際結婚數	地 理	人 口 (천)	面 積 (천 ㎢)	國際데이터流通量	뉴 스 流通量
미 국	1370	16	118	604,390	638	42,601	284,571	30,548	3,018	40	239,283	9,373	123,380	139,885
일 본	551	15	64	337,301	210	19,627	791,011	114	114	445	120,754	378	12,638	38,782
영 국	100	11	14	233,364	38	5,508	23,481	33	32	53	56,125	244	2,762	11,432
프 랑 스	128	12	17	254,146	12	7,240	12,150	13	13	52	54,621	547	1,549	17,286
대 만	206	4	10	62,394	6	725	94,799	21	20	385	51,301	36	1,096	2,869
캐 나 다	35	14	6	175,321	20	3,515	19,901	981	143	49	25,379	9,976	744	614
홍 콩	0	2	0	70,804	93	350	55,315	76	74	278	5,558	1.05	4,024	3,595
오스트리아	19	5	10	48,218	5	936	2,191	8	3	57	7,555	84	155	384
싱가포르	0	3	4	48,020	36	180	10,973	12	12	125	2,558	0.58	164	694
노르웨이	0	8	8	39,041	1	685	3,332	13	13	63	4,152	324	107	160
스 위 스	0	7	6	78,113	0	1,425	5,333	6	6	54	6,374	41	241	1,534
네델란드	0	9	7	156,004	7	1,250	6,770	12	12	56	14.484	41	39	144
호 주	0	10	10	48,515	22	1,564	9,531	1,156	89	69	15,752	7,687	66	1,154
말레이지아	42	1	8	24,708	28	258	16,674	9	9	125	15,557	331	37	308
벨 기 에	0	6	8	119,901	5	1,144	2,030	2	0	54	9,903	31	12	768
서 독	32	13	76	433,139	59	8,975	20,944	38	38	57	61,015	249	67	5,966
평 균 치	163.81	8.50	22.88	170,836	73.25	5,965	9,523	2,064.81	274.25	122.63	43,147.56	1,834.05	9192.56	24,253.80
표준편차	350.56	4.76	33.20	165,798	159.36	10,863	3,881	7,603.88	943.86	128.56	61,173.47	3,590.81	30614.15	57,783.65

순위 \ 유형	국제데이타유통량	뉴스유통량
1	미국	미국
2	일본	일본
3	홍콩	프랑스
4	영국	영국
5	프랑스	서독
6	대만	홍콩
7	캐나다	대만
8	노르웨이	노르웨이
9	싱가포르	네덜란드
10	오스트리아	벨기에
11	노르웨이	싱가포르
12	서독	오스트리아
13	호주	캐나다
14	네덜란드	말레이지아
15	말레이지아	노르웨이
16	벨기에	호주

셋째, 그러나 調査對象의 特性에서도 나타났지만 국제데이터유통량에 있어서는 서로 이념이 다른 共産圈國家와는 정보유통이 이루어지지 않고 있었다. 다만 뉴스유통량에 있어서는 홍콩(6위)에서 우리나라로 유입되는 뉴스는 조사분석 시 주로 중국관계 외신으로 나타나고 있었고, 다른 공산국가의 뉴스(특히, 소련, 북한)가 상당수 나타나고 있어 Galtung이 제기한 이념이 다른 국가들 간에는 정보유통이 거의 이루어지지 않고 있다는 가설은 부정되었다고 할 수 있다. 즉 韓國外信의 뉴스유통에 있어서는 뉴스의 情報源은 공산국가는 아니지만 뉴스의 내용은 공산권 국가 뉴스도 뉴스가치(news value)에 따라서 상당히 많이 나타나고 있음을 알 수 있었다.

넷째, 國際데이터流通에 있어서는 뉴스유통에 있어서보다 政治的 理念問題가 정보유통의 장애요소로서 작용하고 있음을 알 수 있다. 즉 우리 나라는 이념이 다른 공산권국가와는 전혀 국제데이터유통을 하지 않았지만 뉴스유통에서는 공산권국가와는 통신사나 외지의 소개라는 간접적 2段階流通을 통해 정보유통을 하고 있음을 알 수 있다.

다섯째, 이상의 硏究結果들을 보면 Richstad와 Nnaemeka의 정보지역의(in-formation region)의 개념이 뉴스유통보다는 국제데이터유통에 더 적용되고 있다는 것을 알 수 있다.

2項. 要因點數의 算出

政治的要因, 經濟的要因, 文化的要因, 物理的要因과 국제데이터유통, 뉴스유통과의 관계를 분석하기 위해서는 각 요인의 점수를 산출해야 한다.[1]

---

1) 吳澤變은 요인점수(factor score)산출방법으로서 아래의 3가지 방법을 제시하고 있다.
   첫째, 각각 변인들에 대한 값을 표준점수(Z-Score)로 환산하여 모두 합하는 방법이 있다. 표준점수란 하나의 특정값을 다른 변인의 측정값과 비교가 가능하도록 환산된 점수를 말하는데, 이는 산술평균치로부터 원점수와의 편차를 구해 표준편차로 나누어서 계산한다.
   둘째, 첫 번째 방법에서 나온 표준점수(Z-Score)의 평균을 내는 방법이 있다.
   셋째, 인자분석(factor analysis)의 결과 계산되어 나온 인자점수상관계수(factor score coefficients)를 이용하는 방법이 있다. 이때에는 각 인자에 높게 적재된 변인들의 각 점수를 인자점수상관계수로 곱한 값을 모두 합하면 된다. 즉 factor score=Σ(변인의 인자점수상관계수)×(각 변인의 표준점수)로 도식화할 수 있다.
   〈吳澤變; 〈社會科學데이터分析方法〉, (서울: 나남출판사), 1984, pp.318-319 참조〉.

〈표-2〉 各 變因의 標準點數(Z-Score)

區　　分	外交關係出·入國者數	國　家序　列	相互條約(48-85)	貿易量	海　外支社數	國　民總生産	相互訪問者數	海　外移民數	國　際婚　姻	地　理	人　口	面　積	國際데이터流通量	뉴　스流通量
미　　　국	3.44	1.58	2.87	2.63	3.54	3.32	0.99	3.75	3.75	−0.65	3.21	2.10	3.73	0.22
일　　　본	1.10	1.37	1.24	1.00	0.85	1.26	3.51	−1.26	−0.17	2.57	1.27	−0.41	0.11	0.03
영　　　국	−0.18	0.53	−0.27	0.38	−0.47	−0.04	−0.31	−0.27	−0.26	−0.54	0.21	−0.44	−0.21	−0.02
프　랑　스	−0.10	0.74	−0.18	0.50	−0.39	0.12	−0.36	−0.27	−0.28	−0.55	0.19	−0.36	−0.25	−0.01
대　　　만	−0.07	−0.95	−0.39	−0.65	−0.43	−0.48	0.05	−0.27	−0.27	2.03	0.13	−0.50	−0.26	−0.04
캐　나　다	0.12	1.16	−0.51	0.03	−0.34	−0.23	−0.32	−0.14	−0.14	−0.58	−0.29	2.27	−0.28	−0.04
홍　　　콩	−0.37	−1.37	−0.69	−0.60	0.12	−0.52	−0.15	−0.26	−0.21	1.20	−0.61	−0.51	−0.17	−0.04
오스트리아	−0.47	−0.74	−0.39	−0.74	−0.43	−0.41	−0.41	−0.36	−0.29	−0.51	−0.58	−0.49	−0.30	−0.05
싱가포르	−0.41	−2.17	−0.57	−0.74	−0.24	−0.37	−0.37	−0.27	−0.28	0.01	−0.66	−0.51	−0.29	−0.04
노르웨이	−0.47	−0.11	−0.75	−0.79	−0.46	−0.41	−0.41	−0.27	−0.28	−0.47	−0.64	−0.42	−0.30	−0.05
스　위　스	−0.47	−0.32	−0.51	−0.56	−0.46	−0.40	−0.40	−0.27	−0.28	−0.54	−0.60	−0.50	−0.29	−0.04
네덜란드	−0.47	0.11	−0.48	−0.09	−0.42	−0.39	−0.39	−0.27	−0.28	−0.52	−0.47	−0.50	−0.30	−0.05
호　　　주	−0.47	0.32	−0.39	−0.74	−0.32	−0.38	−0.38	−0.12	−0.20	−0.42	−0.45	1.63	−0.30	−0.04
말레이시아	−0.35	−0.58	−0.75	−0.88	−0.29	−0.34	−0.34	−0.27	−0.28	0.01	−0.71	−0.42	−0.30	−0.05
벨　기　에	−0.47	−0.53	−0.75	−0.31	−0.43	−0.41	−0.41	−0.27	−0.29	−0.53	−0.54	−0.50	−0.30	−0.04
서　　　독	−0.38	0.95	1.6	1.58	−0.09	−0.32	0.28	−0.27	−0.27	−0.51	0.29	−0.44	−0.30	−0.03

각 변인들이 어떤 요인에 속하는지를 잘 알 수 없을 때는 要因分析 방법을 통해 계산되어 나온 要因點數相關係數를 이용하는 것이 가장 효율적인 방법이라 판단된다. 그러나 이 연구에서는 이미 정보유통 결정요인이 각 요인별로 關係變因이 추출되어 나왔으므로 별도로 要因分析방법을 통해 要因點數를 추출할 필요성이 없다고 판단하여 각 변인의 標準點數를 구하여 이를 합산함으로써 要因點數를 산출하였다(〈표-2〉 참조). 〈표-2〉를 토대로 하여 정치적 요인은 외교관계 출·입국자수, 국가서열, 상호 조약수의 Z-Score의 값을 합산하였고 경제적 요인은 무역량, 해외지사수, 국민총생산의 Z-Score의 값을 합산하였다. 또한 문화적 요인은 상호방문자수, 해외이민수, 국제결혼의 Z-Score 값을 합산하여 요인점수를 산출하였으며, 지리, 인구, 면적의 Z-Score의 값을 더하여 물리적 요인의 점수를 산출하였다(〈표-3〉 참조).

〈표-3〉 各 要因의 點數(factor-score)

區 分	政治的 要 因	經濟的 要 因	社會的 要 因	物理的 要 因	國際데이터 流 通 量	뉴 스 流通量
미 국	7.89	9.49	8.49	4.66	3.73	0.22
일 본	3.71	3.11	3.08	3.43	0.11	0.03
영 국	0.83	−0.13	−0.57	−0.77	−0.21	−0.02
프 랑 스	0.46	0.23	−0.91	−0.72	−0.25	−0.01
대 만	−1.41	−1.56	−0.49	1.66	−0.26	−0.04
캐 나 다	0.77	−0.54	−0.60	1.30	−0.28	−0.04
홍 콩	−2.43	−1.00	−0.62	0.88	−0.17	−0.04
오스트리아	−1.60	−1.63	−1.06	−1.58	−0.30	−0.05
싱 가 포 르	−3.15	−1.51	−0.92	−1.16	−0.29	−0.04
노 르 웨 이	−1.33	−1.74	−0.96	−1.53	−0.30	−0.05
스 위 스	−1.30	−1.44	−4.37	−1.64	−0.29	−0.04
네 덜 란 드	−0.84	−0.94	−0.28	−1.49	−0.30	−0.05
호 주	−0.54	−1.47	−0.70	−0.76	−0.30	−0.05
말레이시아	−2.68	−1.70	−0.89	−0.12	−0.30	−0.05
벨 기 에	−1.75	−1.18	−0.97	−1.57	−0.30	−0.04
서 독	2.17	−1.77	−0.84	−0.66	−0.30	−0.03

〈표-4〉correlation coefficients

	外交關係	外交關係出·入國者數	相互條約數	貿易量	海外支社數	國民總生産	相互訪問者數	海外移民數	國際結婚	地理	人口	面積	國際데이터流通量	뉴스流通量
外交關係														
國家序列	0.5511 (P=0.013)													
相互條約數	0.8336 (P=0.000)	0.6575 (P=0.000)												
貿易量	0.7872 (P=0.000)	0.7686 (P=0.000)	0.9378 (P=0.000)											
海外支社數	0.9628 (P=0.000)	0.3855 (P=0.070)	0.7325 (P=0.001)	0.6563 (P=0.003)										
國民總生産	0.9696 (P=0.000)	0.6484 (P=0.003)	0.9420 (P=0.000)	0.8917 (P=0.000)	0.9114 (P=0.000)									
相互訪問者數	0.5934 (P=0.008)	0.4391 (P=0.004)	0.5708 (P=0.010)	0.4814 (P=0.030)	0.5391 (P=0.016)	0.6110 (P=0.006)								
海外移民數	0.9191 (P=0.000)	0.4128 (P=0.056)	0.7508 (P=0.000)	0.6988 (P=0.001)	0.9313 (P=0.000)	0.8844 (P=0.000)	0.2633 (P=0.162)							
國際結婚	0.9279 (P=0.000)	0.4166 (P=0.054)	0.7626 (P=0.000)	0.7090 (P=0.001)	0.9387 (P=0.000)	0.8943 (P=0.000)	0.2859 (P=0.142)	0.992 (P=0.000)						

	外交關係	外交關係出·入國者數	相互條約數	貿易量	海外支社數	國民總生産	相互訪問者數	海外移民數	國際結婚	地理	人口	面積	國際데이터流通量	뉴스流通量
地理	0.1109 (P=0.341)	0.1356 (P=0.308)	0.0670 (P=0.403)	0.0610 (P=0.411)	0.1012 (P=0.355)	0.0488 (P=0.429)	0.6747 (P=0.002)	0.1757 (P=0.258)	-0.1559 (P=0.282)					
人口	0.9577 (P=0.000)	0.6573 (P=0.003)	0.9171 (P=0.000)	0.8923 (P=0.004)	0.8734 (P=0.000)	0.9805 (P=0.000)	0.6210 (P=0.005)	0.8503 (P=0.000)	0.8602 (P=0.000)	0.1398 (P=0.303)				
面積	0.5512 (P=0.013)	0.5239 (P=0.019)	0.3689 (P=0.081)	0.3648 (P=0.082)	0.5173 (P=0.020)	0.4792 (P=0.030)	0.0705 (P=0.398)	0.5990 (P=0.001)	0.5865 (P=0.008)	-0.2742 (P=0.152)	0.4471 (P=0.071)			
國際데이터流通量	0.9627 (P=0.000)	0.3858 (P=0.040)	0.7326 (P=0.001)	0.6565 (P=0.003)	0.9938 (P=0.000)	0.9115 (P=0.000)	0.5389 (P=0.016)	0.9314 (P=0.000)	0.9388 (P=0.000)	0.1007 (P=0.355)	0.8735 (P=0.001)	0.51735 (P=0.000)		
뉴스流通量	0.9697 (P=0.000)	0.6483 (P=0.003)	0.9238 (P=0.000)	0.8915 (P=0.000)	0.9115 (P=0.000)	0.9910 (P=0.000)	0.6110 (P=0.006)	0.8846 (P=0.000)	0.8944 (P=0.000)	0.0488 (P=0.470)	0.9805 (P=0.000)	0.4798 (P=0.030)	0.9116 (P=0.001)	

第2節 假說檢證結果의 論議

1項. 硏究假說 1의 假說檢證結果와 論議

정치적 변인, 경제적 변인, 문화적 변인, 물리적 변인과 국제데이터유통량, 뉴스유통량과의 상관관계를 검증하기 위하여 각 변인들 간의 상관관계를 다음과 같이 산출하였다.

가. 國際데이터流通量과의 各 變因과의 相關關係分析

〈표-4〉에서 보는 바와 같이 政治的變因들과 國際데이터流通量과의 單純相關係數(pearson correlation coefficients)를 보면 외교관계 출입국자수(r=0.9627)가 정치적 변인 중에서 가장 상관관계가 높고, 국가서열이(r=0.3858) 가장 낮은 것으로 나타났다.

經濟的變因들과 國際데이터流通量과의 상관관계를 보면, 해외지사수(r=0.9938)와 국민총생산(r=0.9115)은 국제데이터유통량과 상관관계가 매우 높은 것으로 나타났다. 특히 해외지사수는 국제데이터유통량과 높은 相關關係(r=0.9912)를 보이고 있어 우리나라 국제데이터유통의 특성이 企業情報的 特性을 강하게 나타내 보이고 있음을 알 수 있다. 또한 文化的 變因들과 국제데이터유통량과의 상관관계를 보면 국제결혼(r=0.9388)과 해외이민(r=0.9314)이 相關關係가 매우 높은 것으로 나타나고 있다. 또한 物理的變因들과 국제데이터유통량과의 相關關係를 보면, 인구는 국제데이터유통량과 높은 상관관계(r=0.87345)를 보이고 있지만 면적(r=0.51725)과 거리(r=0.1007)는 국제데이터유통량과 상관관계가 매우 낮다. 또한 統計的有意度(p=0.355)가 (P〈.05 수준) 낮은 것으로 나타나고 있다. 따라서 지리적 변인은 국제데이터유통량과는 상관관계가 없는 것으로 판단된다. 각 요인별 국제데이터유통량과의 각 변인과 상관관계의 우선순위를 보면 다음과 같다.

〈표-5〉國際데이터流通量과 각 變因과의 相關關係의 優先順位

要因 / 順位	1	2	3
政治的變因	外 交 關 數 出 入 國 者 數	相 互 條 約 數	國 際 序 列
經濟的變因	國 民 總 生 産	海 外 支 社 數	貿 易 量
文化的變因	國 際 結 婚	海 外 移 民 數	相 互 訪 問 者 數
物理的變因	人 口	面 積	(地 理)

나. 뉴스流通量과 各 變因間의 相關關係 分析

〈표-4〉에서 보는 바와 같이 政治的變因들과 뉴스유통량과의 상관관계수(pearson correlation coefficients)를 보면, 외교관계, 出入國者數(r=0.9697)와 상호 조약수(r=0.9283)는 국제데이터유통량과 어느 정도 상관관계(r=0.6483)를 보이고 있다. 經濟的變因들과 뉴스유통과의 相關關係를 보면 국민총생산(r=0.9910), 해외지사수(r=0.91151), 무역량(r=0.89150)의 순으로 나타났다. 따라서 경제적 변인은 공히 뉴스유통과는 상관관계가 매우 높은 것으로 나타났다. 또한 文化的變因들과 뉴스유통과의 상관관계를 보면 國際結婚(r=0.8944), 海外移民數(r=0.8846), 相互訪問者數(r=0.6110)의 순으로 뉴스유통과의 상관관계가 나타났으며 物理的變因들과 뉴스유통과의 상관관계를 보면 인구(r=0.98054)는 뉴스유통과의 상관관계가 매우 높은 것으로 나타나고 있지만 면적(r=0.04878)은 상관관계가 매우 낮은 것으로 나타났다.

또한 地理的變因은 統計的 有意度(r=0.4291)가 낮아 뉴스유통과는 상관관계가 없는 것으로 판단된다. 각 변인별 뉴스유통량과 각 변인과의 상관관계의 優先順位를 보면 다음과 같다.

〈표-6〉 뉴스流通量과 각 變因과의 相關關係의 優先順位

要 因 / 順 位	1	2	3
政 治 的 變 因	外 交 關 係 出 入 國 者 數	相 互 條 約 數	國 家 序 烈
經 濟 的 變 因	國 民 總 生 産	海 外 支 社 數	貿 易 量
文 化 的 變 因	國 際 結 婚	海 外 移 民 數	相 互 訪 問 者 數
物 理 的 變 因	人 口	面 積	(地 理)

다. 變因別 相關關係의 優先順位 比較

〈표-7〉에서 보는 바와 같이 국제데이터유통량은 海外支社數, 外交關係, 國際結婚, 海外移民數, 國民總生産, 人口 등이 상관관계가 높은 변인으로 나타났으며, 뉴스유통과 각 변인과의 상관관계는 國民總生産, 人口, 外交關係出入國者數, 相互條約數, 海外支社數, 國際結婚 등이 相關關係가 높은 것으로 나타났다. 이 중에서 우리가 특히 주목할 수 있는 연구결과를 보면,

〈표-7〉 相關關係의 優先順位 比較

순 위	國際데이터流通量		뉴스流通量	
1	海 外 支 社 數	(r=0.9938)	國 民 總 生 産	(r=0.9910)
2	外交關係出入國者數	(r=0.9627)	人　　　　口	(r=0.9805)
3	國 際 結 婚	(r=0.93882)	外 交 關 係	(r=0.9697)
4	海 外 移 民 數	(r=0.9314)	相 互 條 約 數	(r=0.9238)
5	國 民 總 生 産	(r=0.9115)	海 外 支 社 數	(r=0.9115)
6	人　　　　口	(r=0.8735)	國 際 結 婚	(r=0.8944)
7	相 互 條 約 數	(r=0.7326)	貿　易　量	(r=0.8915)
8	貿　易　量	(r=0.6565)	海 外 移 民 數	(r=0.8846)
9	相 互 訪 問 者 數	(r=0.53893)	國 家 序 列	(r=0.6483)
10	面　　　　積	(r=0.5173)	相互訪問者數	(r=0.6110)
11	國 家 序 列	(r=0.3858)	面　　　　積	(r=0.4797)
12	地　　　　理	(r=0.1007)	地　　　　理	(r=0.0488)

지리적 변인은 P〉.05

첫째, 國際데이터流通은 海外支社數, 外交關係出入國者數, 國際結婚 등 國際關係變因(relatioal variable)이 國際데이터流通量과의 相關關係가 높으며, 뉴스流通은 國民總生産 등 國家的 變因(Internal variable)과 相關關係가 높다는 점이라 할 수 있다.

이는 國際데이터流通은 국제간에 있어서 기업과 기업 간의 雙方的데이터流通이 많다는 것을 의미하는 것이며, 상대적으로 뉴스유통은 特定國家에서 다른 국가로 흐르는 정보의 일방적인 유통 때문이라고 보인다. 또한 이 조사가 뉴스유통량의 측정에 있어서는 한국신문에 나타난 外信報道量을 측정했기 때문인 것도 이와 같은 결과를 유도한 것으로 보여진다.

이 연구결과를 보면 국제데이터유통은 國際關係變因(relational variable)이 유통량을 결정하는 중요 변수가 될 수 있으며, 뉴스유통량은 각국의 國家的 變

因(internal variable)이 중요하다는 것을 알 수 있다.

둘째, 국제데이터유통이나 뉴스유통에 있어서 면적, 지리적 변인은 모두 상관관계가 낮은 것으로 나타났다. 특히 지금까지 커뮤니케이션 연구에서 중요한 변수로 간주되어 왔던 지리적 변인(distance)은 상관관계가 매우 낮은 것으로 나타났으며, 통계적 유의도가 낮아(P>.05) 사실상 국제데이터유통, 뉴스유통과는 상관성이 없는 것으로 판명되었다.

따라서 적어도 국제커뮤니케이션 영역에서는 이제는 지리적 변인은 별 의미가 없는 것으로 볼 수 있다. 특히 국제데이터유통은 그 자체가 국경을 초월하는 정보의 유통이므로 이미 거리의 개념을 초월하는 것으로 이해할 수 있다. 또한 뉴스유통에 있어서도 이른바 '지구촌시대(global village)'가 도래함에 따라 커뮤니케이션에 있어서 거리적 장벽은 해소된 것으로 이해할 수 있다.

셋째, 국제데이터유통이나 뉴스유통은 공히 정치적 변인의 외교관계, 경제적 요인의 해외지사수, 문화적 요인의 국제결혼. 물리적 요인의 인구가 가장 높은 상관관계를 나타내는 변인으로 판명되었다.

라. 國際데이터流通量과 各 要因과의 相關關係分析

또한 政治的要因, 經濟的要因, 文化的要因, 物理的要因과 國際데이터流通量, 뉴스流通量과의 相關關係를 檢證하기 위해 우선 각 요인들 간의 상관관계를 산출하였다. 〈표-8〉에서 보는 바와 같이 國際데이터流通量은 經濟的 要因(r=0.9127), 文化的 要因(r=0.8941), 政治的要因(r=0.7965), 物理的 要因(r=0.7603)의 순서대로 상관관계가 높은 것으로 나타났다. 경제적 요인이 국제데이터유통량과의 상관관계가 가장 높기 때문에 연구가설은 입증된다고 하겠다.

〈표-8〉相關關係數(correlation coefficients)

	政 治 的 要　　因	經 濟 的 要　　因	文 化 的 要　　因	物 理 的 要　　因	國際데이 터流通量
政 治 的 要　　因					
經 濟 的 要　　因	0.9472 (P=0.000)				
文 化 的 要　　因	0.8304 (P=0.000)	0.9807 (P=0.000)			
物 理 的 要　　因	0.7790 (P=0.000)	0.8941 (P=0.000)	0.8303 (P=0.000)		
국제데이 터流通量	0.7965 (P=0.000)	0.9127 (P=0.000)	0.8941 (P=0.000)	0.7603 (P=0.001)	
뉴　　스 流 通 量	0.8684 (P=0.000)	0.9575 (P=0.000)	0.9243 (P=0.000)	0.7622 (P=0.000)	0.9799 (P=0.000)

마. 뉴스流通量과 各 要因과의 相關關係分析

〈표-8〉에서 보는 바와 같이 뉴스流通量은 經濟的 要因(r=0.9575), 文化的 要因(r=0.9243), 政治的要因(r=0.8684), 物理的 要因(r=0.7622)과의 順序대로 相關關係가 높은 것으로 나타났다.

뉴스流通量은 經濟的 要因이 相關關係가 가장 높은 것으로 나타나서 研究假說은 부정되었다고 할 수 있다. 本 調査의 결과는 뉴스유통에 있어서도 經濟的 要因이 가장 높은 相關關係를 보이는 것으로 나타났으며, 한편 뉴스유통과 가장 相關關係가 높은 것이라고 예상한 政治的 要因은 세 번째 높은 相關關係를 보여주고 있다. 이 연구결과는 뉴스유통에 있어서 政治的 要因은 커뮤니케이션 흐름의 방향을 결정하는 중요한 변인은 될 수 있지만, 커뮤니케이션양은 경제적 요인과의 상관성이 가장 높다는 것을 알 수 있다.

바. 國際데이터流通量과 뉴스流通量과의 相關關係分析
마. 國際데이터流通量은 뉴스流通量과의 相關關係

國際데이터流通量은 뉴스流通量과의 相關關係가 매우 높게 나타났으며(r
＝0.9799), 다른 요인들과의 相關關係보다 높은 것으로 나타났다. 이 연
구결과는 커뮤니케션요인 간의 상관관계가 다른 요인과의 상관관계보다
높다는 것을 입증해 주는 것으로 이해할 수 있다. 또한 국제데이터유통
량, 뉴스유통량과 상관관계를 맺고 있는 요인들의 우선순위도 경제적 요
인, 문화적 요인, 정치적 요인, 물리적 요인의 순서대로 나타나고 있어
국제데이터유통과 뉴스유통량을 결정하는 요인들은 서로 유사하다는 것
을 알 수 있다.

조사연구 결과를 보면, 국제데이터유통과 뉴스流通量에 關係되는 要因
이 서로 다를 것이라는 연구자의 가설은 부정되었다.

2項. 研究假說 2의 檢證結果의 論議

앞장에서는 주로 國際데이터流通量 및 뉴스流通量, 각 요인들 또는 요
인들 사이의 상관관계를 相關關係係數(correlation coeffients)를 통해 알
아보았다. 이 章에서는 이와 같은 변인들의 상관관계계수를 이용하여 多
變因回歸分析을 실시하였다.

이 방법을 통해 다음의 세 가지 사실을 알아보려고 한다. 첫째, 政治的
要因, 經濟的 要因, 文化的 要因, 物理的 要因은 국제데이터유통량과 뉴
스유통을 어느 정도 예측할 수 있는가?(豫測函數의 作成).

둘째, 政治的 要因, 經濟的 要因, 文化的 要因, 物理的 要因은 국제데이
터流通量, 뉴스流通量의 變量을 어느 정도 설명할 수 있으며 (explaining
variance), 또 이 요인들의 國際데이터流通, 뉴스流通의 量의 殘餘變量

(residual variance)은 어느 정도인가?

셋째, 諸 獨立變因(政治, 經濟, 文化, 物理的 要因)의 國際데이터流通, 뉴스流 通에 미치는 影響의 정도 즉, 각 요인의 相對的 奇與度 및 相對的 重要性(relative contribution=Beta weight)의 서열은 어떠한가? 를 분석해 보고자 한다.

앞 장에서 상관관계를 통한 가설검증에서도 본 바와 같이 從屬變因인 國際데이터流通量, 뉴스流通量과 獨立變因인 政治, 經濟, 文化, 物理的要因은 비교적 유의적이고도 높은 상관관계를 지니고 있었다. 그러나 독립변인들 간의 상관관계는 낮은 것이 바람직스러움에도 불구하고 이 연구에서 선정한 독립변인들은 일반적으로 變因 간의 相互作用이라는 특성으로 인해 〈표-4〉에서 보는 바와 같이 서로 높은 상관관계를 지니고 있었다.

이처럼 바람직스럽지 못한 獨立變因들 간의 상호작용의 특성을 가능한 한 통제하기 위해 獨立變因 政治, 經濟, 文化, 物理的要因과 從屬變因 國際데이터流通量 및 뉴스流通量은 SPSS의 多變因回歸分析프로그램 중 獨立變因의 기여도에 따라 순서적으로 각 단계마다 하나씩 투입되는 段階追加法(stepwise)을 이용하였다.

(1) 國際데이터流通量과 政治, 經濟, 文化, 物理的要因들과의 多變因 回歸分析(Multiple Regression)

分析結果를 보면, 첫째, 豫側方程式은 國際데이터 流通量＝0.0089094＋0.4192026×經濟的要因＋(−0.203055)×政治的要因＋0.1068374×文化的要因＋(−0.013492)×物理的要因이다.

둘째, 독립변인들은 국제데이터유통량의 변량을 약 89% 정도 설명할 수 있는 것으로(explaining variance) 나타났으며, 11% 정도가 殘餘變量인 것으로 나타났다.

　이 결과를 보면 본 조사에서 선정한 각 요인들은 국제데이터유통에 대한 說明力(explaining power)이 매우 높은 것으로 판명되었다. 이 요인들이 선정된 것은 기존의 정보유통연구의 狀況構造的接近方法에서 이용된 요인들을 중심으로 선정하였지만, 이 요인들은 국제데이터유통량을 결정하는 데도 중요한 요인이 될 수 있음을 알 수 있다.

　셋째, 政治的 要因, 經濟的 要因, 文化的 要因, 物理的 要因이 國濟데이터 流通量에 相對的 寄餘度를 보면 經濟的 要因(Beta=1.205309), 政治的 要因(Bata=−0.56830), 文化的要因(Bata=0.28708), 物理的 要因(Bete=−0.01979)의 순서대로 나타났다. 앞에서 살펴본 國際데이터流通量과 各 要因과의 相關關係와는 달리, 政治的要因이 文化的要因보다는 國濟데이터流通量에 미치는 影響力이 더 크게 나타나고 있음을 알 수 있다. 즉 政治的 要因은 文化的要因보다 國際데이터流通과의 상관관계는 낮지만, 因果關係(casuality)에 있어서 상대적 기여도가 큰 것을 알 수 있다.

〈표-9〉

	Multiple R	R^2	R변화	Simple R	B	Beta	F
經濟的要因	0.91267	0.83297	0.83297	0.91267	0.4192026	1.20539	7.216∝*
政治的要因	0.93704	0.87804	0.04507	0.79647	−0.2033055	−0.56830	2.635∝*
文化的要因	0.94344	0.89008	0.01204	0.89408	0.1068384	0.28708	0.922∝*
文化的要因	0.94349	0.89118	0.00010	0.70629	−0.0103492	−0.01979	0.010∝*
常數					0.0089094		

　P〈 .01

134

(2) 뉴스流通量과 政治, 經濟, 文化, 物理的要因들과의

　　多變因回歸分析 結果

분석결과를 보면, 첫째, 뉴스유통의 예측방정식은 뉴스流通量＝0.0110144＋
1.05604×經濟的 要因＋(－0.3360)×政治的 要因＋0.22683×文化的 要因＋
0.0290×物理的 要因이다. 둘째, 독립변인들은 뉴스유통량을 약 95% 정도
설명할 수 있는 것으로 나타났다. 본 조사에서 선정된 각 요인들은 뉴스유
통량을 설명하는 데 매우 유용한 요인이 되고 있음을 알 수 있다.

　셋째, 각 요인들의 뉴스유통에 대한 상대적 기여도(Beta Weight)를 보
면 경제적 요인(0.02090), 정치적 요인(－0.33660), 문화적 요인의 순서로
나타나고 있다. 이 연구결과는 가설 2－(2)를 부정한다고 볼 수 있다. 뉴
스유통에 있어서도 국제데이터유통에서와 마찬가지로 경제적 요인이 국
제뉴스유통량을 결정하는 가장 중요한 요인임을 알 수 있다. 정치적 요
인은 경제적 요인보다 Beta Weight가 낮은 것으로 나타났다.

　(3) 國際데이터流通量과 뉴스流通量을 決定하는 各 要因들의 比較分析

국제데이터流通量, 뉴스流通量 공히 經濟的 要因에 의해 가장 크게 영향
을 받고 있음을 알 수 있다. 또한 相關關係分析에서는 文化的 要因은 政
治的 要因보다 相關關係係數가 높았으나, 多變因回歸分析에서는 政治的
要因은 國際데이터流通量, 뉴스流通量에 미치는 영향력이 큰 것으로 나
타났다. 따라서 경제, 정치적 요인이 국제정보유통에서는 가장 중요한 요
인이 된다.

〈표-10〉

	Multiple R	R^2	R change	Simple R	B	Bata	F
經濟的 要　因	0.95946	0.92056	0.920565	0.95946	0.3672647	1.05604	162.2431*
政治的 要　因	0.96773	0.93650	0.01594	0.86837	−0.1204153	−0.33660	96.8648*
文化的 要　因	0.97284	0.94641	0.00991	0.92431	0.0844130	0.22683	80.029*
物理的 要　因	0.97290	0.94653	0.00011	0.76218	0.0109285	0.02090	48.684*
(常數: constant)					0.0110144		

*P〈01

이상의 결과를 보면 政治, 經濟的 要因이 文化的, 物理的 要因보다 國際데이터流通量, 뉴스流通量을 결정하는 중요한 변인이 되고 있음을 알 수 있다. 이것은 政治, 經濟的 要因이 文化的, 物理的 要因보다 설명력이 크기 때문이라고 할 수 있다.

즉, 국제데이터유통이나 뉴스유통 등 커뮤니케이션변인을 결정하는 國際關係의 要因으로서 정치·경제적 변인의 중요성이 부각되었다고 할 수 있다.

이것은 정치·경제적 힘이 上部構造(文化·커뮤니케이션 등)를 결정한다는 現實主義 패러다임을 지지하는 것이라고 볼 수 있다. 특히 經濟的 要因은 상관관계에 있어서나 다변인회귀분석에서 설명력(Beta Weight)이 가장 높게 나타남으로써 커뮤니케이션 變因을 결정하는 가장 중요한 요인(underlying factor)임을 알 수 있다.

3項. 研究假說 3의 檢證結果와 論議

현재 국제데이터유통의 방향을 형성하고 있는 第一世界群(미국, 일본)과 유럽 국가, 第三世界群(대만, 홍콩, 싱가포르, 말레이시아) 간의 國際데이터 流通量 및 뉴스유통량의 차이를 一元變量分析(One-Way ANOVA- Test)을 통해 분석하였다.

(1) 세 집단 간(미국·일본, 유럽 국가, 제3세계군(아시아국가군)의 國際데이터流通量의 差異檢證

〈표-11〉, 〈표-12〉에서 보는 바와 같이 세 국가군 간에 국제데이터유통량에 있어서 有意的인 (p=0.005)차이가 있는 것으로 판명되었다. 특히 미국, 일본은 다른 국가들보다 한국과의 국제데이터유통량이 많은 것으로 나타났다. 다만 유럽과 제3세계(NICS群)와의 차이는 거의 없는 것으로 나타났다.

(2) 세 集團間(미국-일본, 유럽, 第3世界國家)의 뉴스流通量

〈표-13〉, 〈표-14〉에서 보는 바와 같이 세 國家群의 뉴스流通量은 差異가 있는 것으로 나타났으며, 특히 미국-일본의 뉴스유통량이 가장 많은 것으로 나타나고 있다. 그러나 유럽과 아시아 국가군 사이에는 한국과의 별다른 차이가 없는 것으로 나타나고 있다.

〈표-11〉各 國家의 국제데이터유통량의 平均值(group mean)

國 家 群	美國, 日本	유 럽	第3世界(亞世亞國家群)
平 均 值	1.92 (N=2)	−0.20 (N=10)	−0.26 (N=4)

* factor-score의 平均值임.

〈표-12〉세 集團間 國際데이터流通量의 差異檢證

變 量	自 乘 合 (sum of squares)	자유도(df)	平 均 自 乘 (mean squares)	F	P
集 團 間	0.438	2	4.219	8.359	0.005
集 團 內	6.562	13	0.505		
全 體	15.000	15	1.000		

〈표-13〉各 國家의 뉴스流通量의 平均値(group mean)

國 家 群	美國, 日本	유 럽	第3世界(亞世亞國家群)
平 均 値	2.15 (N=2)	−0.29 (N=10)	−0.35 (N=4)

*factor-score의 平均値임.

〈표-14〉세 集團間 뉴스流通量의 差異檢證

變 量	自 乘 合 (sum of squares)	자유도(df)	平 均 自 乘 (mean squares)	F	P
集 團 間	10.567	2	5.283	15.493	0.000
集 團 內	4.433	13	0.341		
全 體	15.000	15	1.000		

이상에서 본 바와 같이 대만, 홍콩, 싱가포르 등 이른바 新興工業國家 (NICS) 및 말레이시아와 한국과의 국제데이터유통이나 뉴스유통에 있어 서는 유럽 국가와는 별다른 차이를 나타내지 않고 있었다. 이 결과는 기 존의 국제커뮤니케이션 유통에 있어서 第1世界→第3世界라는 流通方向의 도식을 수정해 주는 것이라 할 수 있다.

즉 Wallerstein이 말하는 周邊部 또는 半周邊部 國家間에 데이터유통

과 뉴스유통이 유럽 국가(제1세계)와 주변부 국가(제3세계) 간에 유통량의 차이를 보이지 않음으로써 앞에서 설명한 情報地域의 개념을 지지하고 있다. 이는 서한석의 지적대로 (서한석, 한국의 周邊部特質에 관한 연구, 박현채(외), 전게서 참조) "世界資本主義의 변화는 周邊部國家 간의 발전방향을 규정지어주는 종속의 유형을 부단히 수정해 주며 미국, 유럽 등 資本主義 中心部의 多邊化는 周邊部世界에 있어 그들의 獨點的 地位를 박탈해 가고 있다. 그리하여 국제시장에서 교섭력이 약했던 과거의 주변부 정부와는 달리 새로운 체계하에서는 주변부정부가 상호간에 대외 교섭력을 강화해 나갔기 때문"이라 볼 수 있다. 또한 이 결과는 수출주도형 경제체제를 지속하고 있는 신흥공업국가들 간의 국제데이터유통을 통한 경제교류가 확대되고 있음을 보여주고 있는 것이라 하겠다. 즉, 조사대상의 특성에서 본 바와 같이 한국은 신흥공업국가와는 전혀 데이터베이스유통을 하고 있지 않기 때문에 이들 간의 국제데이터유통은 상호 정보전송시스템을 통한 기업 간 네트워크임을 알 수 있기 때문이다. 그러나 주변부 간의 국제데이터유통이 증가했다고 해도, 전체 국가 간의 데이터유통량의 불평등은 그대로 상존하고 있음을 차이검증을 통해서 알 수 있었다.

4項. 研究假說 4의 假說檢證結果와 論議

정치적 요인, 경제적 요인, 문화적 요인, 물리적 요인, 국제데이터유통량, 뉴스유통량이 國家群(미국－일본, 유럽, 제3세계)을 어느 정도 판별할 수 있는지를 알아보기 위해 多變因判別分析(multiple discriminant analysis)을 하였다.

각 국가군을 集團變因(group variable) 즉 從屬變因으로 하고, 政治的

要因, 經濟的 要因, 文化的 要因, 物理的 要因, 國際데이터流通量, 뉴스流通量을 獨立變因으로 하여 判別分析을 실시하였다.

〈표-15〉에서 제시된 바와 같이 종속변인의 집단이 3집단이기 때문에 두 개의 函數가 도출되었는데 함수 1과 함수 2의 정준상관계수(canononical discriminant coefficients)는 각각 0.9461689, 0.7285370이었으며 이들 함수 1과 함수 2의 정준상관계수의 Wilk's Lamda를 검증한 결과 함수 1만이 그 유의도가 높았다.(함수 1 x^2=31.633, d. f=12, P=0.0016) 따라서 함수 1을 보면 함수 1은 정준상관계수가 0.9461689이며 국가군과의 관계에서 도출된 함수의 集團分類正確率은 93.75%이었다〈표-15〉. 이러한 判別函數結果를 통해 政治的要因, 經濟的要因, 文化的要因, 物理的要因, 國際데이터流通量, 뉴스流通量은 국가군을 판별하는 유용한 변인임을 알 수 있다.

〈표-15〉

	함 수 1	함 수 2
正 準 相 關 係 數	0.9461689 (p=0.0016)	0.7285370 (p=0.1593)
標準化判別函數係數	政治的要因 ： −1.01698	2.8040
	經濟的要因 ： 0.85545	−1.51961
	文化的要因 ： 0.38290	−0.19731
	物理的要因 ： 0.70890	−0.98696
	國際데이터 流 通 量 ： −3.50911	−0.38365
	뉴스流通量 ： 3.37381	0.75506
集 團 中 心 值	Ｇｒｏｕｐ 1 ： 6.88542	0.39772
	Ｇｒｏｕｐ 2 ： −1.21401	0.47187
	Ｇｒｏｕｐ 3 ： −0.13889	−1.99499
集 團 分 類 正 確 率	93.75%	

또한 정치적 요인, 경제적 요인, 문화적 요인, 물리적 요인, 국제데이터유통량, 뉴스유통량의 함수에 대한 기여도는 (1) 뉴스유통량, (2) 국제데이터유통량, (3) 정치적 요인, (4) 경제적 요인, (5) 물리적 요인, (6) 문화적 요인의 순서로 나타났다. 그러므로 커뮤니케이션변인은 국가군을 판별하는 데 있어 가장 중요한 변인임이 입증되었다. 또한 국가군을 판별하는 데 있어서 정치적 요인은 경제적, 물리적, 문화적 요인보다 판별력이 크다는 것이 입증되었다. 이러한 판별분석을 통해 정치적 요인, 경제적 요인, 문화적 요인, 물리적 요인, 국제데이터유통량, 뉴스유통량은 국가군을 판별하는데 유용한 변인임을 알 수 있다.

또한 국제데이터유통량, 뉴스유통량이 國家別(미국-일본, 유럽, 아시아)을 어느 정도 판별할 수 있는지를 알아보기 위해 多變因判別分析을 하였다. 각 국가군을 集團變因(group variable) 즉 從屬變因으로 하고, 국제데이터유통량 뉴스유통량을 獨立變因으로 정하고 判別分析을 하였다.

〈표-16〉에서 제시된 바와 같이 종속변인의 집단이 3집단이기 때문에 두개의 함수가 도출되었는데 함수 1과 함수 2의 正準相關係數는 각각 0.9166504, 0.1348574이었으며, 이들 함수 1과 함수 2의 정준상관계수의 Wilks' Lamda를 검증한 결과 함수 1만이 그 유의도가 높았다.(함수 1 x^2=23.156, d. f=4, P=0.0001). 따라서 함수 1을 보면 이 함수와 국가군과는 상관계수가 상당히 높음을 알 수 있다. 국제데이터유통량과 뉴스유통량의 함수에 대한 寄與度는 뉴스유통이 국제데이터유통량보다 높은 것으로 나타났다.

〈표-16〉

	함 수 1	함 수 2
正 準 相 關 係 數	0.9166504 (p=0.001)	0.1348573 (p=0.6320)
標準化判別函數係數	국제데이터유통량 : −3.37655 뉴 스 유 통 량 : 3.96521	3.05621 −2.24022
集 團 中 心 置	Group 1 : 5.45002 Group 2 : −0.68146 Group 3 : −1.13468	0.02731 −0.07215 0.24634
集 團 分 類 正 確 率	50.00%	

5項. 研究假說 5의 假說檢證結果와 論議

本 調査에서 사용된 모든 변인들을 要因分析하여 國際데이터流通量, 뉴스流通量과 같은 요인이 되는 변인들을 추출해 보았다. 回轉前 因子行列表를 보면 地理的變因, 相互訪問者數를 제외하고, 모두 같은 요인이 되고 있다(〈표-17〉 참조).

〈표-17〉

	요인 Ⅰ	요인 Ⅱ	요인 Ⅲ	communality
外 交 關 係	0.98846	0.00160	0.08648	0.98454
國 家 序 列	0.56710	0.44366	−0.34948	0.64057
相 互 條 約 數	0.87866	0.30913	−0.25971	0.93506
貿 易 量	0.83261	0.34255	−0.40535	0.97489
海 外 支 社 數	0.95776	−0.16128	0.22188	0.99255
國 民 總 生 産	0.98655	0.13592	−0.05690	0.99500
相 互 訪 問 者 數	0.55627	0.65049	0.49566	0.97824
海 外 移 民 數	0.93712	−0.32912	−0.08578	0.99388
國 際 結 婚	0.94517	−0.30926	−0.07507	0.99462
地 理	0.04345	0.50167	0.65197	0.67863
人 口	0.96565	0.18903	−0.06945	0.97304
面 積	0.52380	−0.28521	−0.08935	0.36370
國際데이터流通	0.95817	−0.15819	0.22236	0.99257
뉴 스 流 通 量	0.98636	0.13838	−0.05412	0.99498
Eigen Value	9.83523	1.49125	1.16279	12.49227
全 體 變 量 (%)	61.27	9.34	7.27	78.08
共 通 變 量 (%)	78.73	11.96	9.31	100.00

2. 因子行列表(回轉後)

따라서 다음 단계로 각 요인들이 주어진 변인들을 보다 명확히 반영하도록 하기 위하여 直角回轉(Varimax Rotating)을 실시하였다.

〈표-18〉

	요인 Ⅰ	요인 Ⅱ	요인 Ⅲ	communality
外 交 關 係 出 入 國 者 數	0.84	0.48	0.23	0.9889
國 家 序 列	0.17	0.78	0.08	0.6437
相 互 條 約 數	0.51	0.81	0.12	0.9306
貿 易 量	0.43	0.89	0.02	0.9774
海 外 支 社 數	0.93	0.29	0.23	1.9999
國 民 總 生 産	0.74	0.64	0.20	0.9972
相 互 訪 問 者 數	0.24	0.41	0.87	0.9826
海 外 移 民 數	0.93	0.35	−0.01	0.9995
國 際 結 婚	0.93	0.36	−0.09	1.9988
地 理	−0.08	−0.04	0.81	0.6641
人 口	0.69	0.67	0.21	0.9691
面 積	0.56	0.16	−0.16	0.3648
國際데이터流通量	0.92	0.29	0.24	0.9881
뉴 스 流 通 量	0.73	0.64	0.20	0.9825
Eigen Value	6.5548	1.1707	1.7675	12.4930
全 體 變 量 (%)	40.97	11.32	11.05	63.34
共 通 變 量 (%)	52.47	9.37	14.15	75.99

직각회전 후 인자행렬표를 보면 외교관계 출입국자수, 해외지사수, 국민총생산, 해외이민수, 국제결혼, 인구, 면적, 국제데이터유통량, 뉴스유통량은 요인Ⅰ로 분류되었다.

이 연구결과를 보면 본 조사에서는 상호 조약수, 무역량, 방문자수, 지리 등의 변인은 국제커뮤니케이션의 상황구조적 접근방법에서 유용한 요인이 되지 못하고 있음을 알 수 있다.

第5章 要約 및 結論

第1節 研究結果의 要約

최근 빠른 진전을 보이고 있는 컴퓨터와 커뮤니케이션 테크놀로지의 융합은 국제데이터유통이라는 새로운 國際情報活動 영역을 창출하고 있다. 이제 국제커뮤니케이션 논쟁은 新國際情報秩序運動에서 제기된 문제들을 그대로 남겨둔 채, 국제데이터유통이라는 새로운 국제커뮤니케이션 논쟁에 직면하고 있는 것이다. 국제데이터유통 논쟁이란 한마디로 미국에 의하여 독점되고 있는 현존 국제데이터운동의 질서, 즉 국제간의 국제 데이터 유통체계가 갖고 있는 정보의 構造的 不平等과 量的, 質的 不均衡을 시정해야 한다는 유럽과 제3세계의 요구로 볼 수 있겠다.

국제데이터유통 논쟁이란 커뮤니케이션의 自主權을 확립하고 정보의 構造的 不平等과 量的, 質的 不均衡을 시정해야 한다는 측면에서는 신 국제정보 질서운동의 基本精神과 그 맥락을 같이 하고 있지만, 다른 한편으로는 신 국제정보 질서운동이 국제데이터유통이라는 새로운 커뮤니케이션 활동을 통해 기존의 국제커뮤니케이션의 구조와 질서를 변화시킬 것이라는 전망을 해 볼 수 있겠다. 이 연구는 바로 이와 같은 연구자의 가정 (assumption)을 기초로 하여 첫째, 국제데이터유통이라는 새로운 국제커뮤니케이션현상이 기존의 국제커뮤니케이션 현상을 어떻게 변화시키는가를 文獻考察方法을 통해 살펴보았으며, 둘째, 국제데이터유통의 새로운 질서란 정보유통의 不均衡에 대한 시정이라고 보고 기존의 신 국제정보 질서운동의 經驗的 研究를 뒷받침했던 狀況構造的 接近方法 (Logistic

146

Approach) 를 국제데이터유통 연구에 원용하여 국제데이터 유통의 流通量을 결정하는 요인을 분석하고자 했다.

또한 기존의 국제커뮤니케이션연구의 주요관심사가 되어왔던 뉴스유통의 결정요인도 국제데이터유통의 決定要因과 相互比較함으로써, 국제 데이터 유통의 특성과 뉴스유통의 특성과의 차이점을 모색해 보았다. 아울러 한국의 國際데이타流涌의 現況을 制度, 內容, 채널, 受容者 側面에서 살펴봄으로써 統計的 計量化로 잘 추정되지 않는 결정요인들도 함께 추론해 보았다.

문헌고찰에서는 주로 제3세계와 유럽의 입장을 중심으로 槪觀해 보고 유럽의 입장은 프라이버시보호論爭을 통해 國際데이타流通을 情報主權的 次元에서 再解釋해 보았으며, 이 논쟁을 토대로 國際情報秩序의 변화에 대한 전망을 연구자의 나름대로 재정리해 보았다. 이 전망은 연구자가 국제데이터유통 현상에 대한 연구를 진행하면서 축약한 내용이기 때문에 전적으로 연구자의 獨創적인 見解이다.

또한 이 연구에서는 기존의 국제커뮤니케이션 연구의 多元的 接近方法의 하나라 할 수 있는 상황구조적 접근방법을 원용하고, 이 연구방법이 사용한 변인들 중에서 국제데이터유통을 결정하는데도 유용한 변인들을 연구자가 논리적 추론과정을 통해 선정한 후, 이를 Duree, Rosengren, De Verneil 등이 사용한 다변인회귀분석 방법을 이용하여, 국제 데이터 유통을 결정하는 요인들을 분석하고자 했다. 또한 相關關係分析, 判別分析, 要因分析方法 등을 통해 국제 데이터 유통의 특성을 분석하고자 했다. 연구결과를 요약해 보면 다음과 같다.

1. 國際데이터流通에 관한 論議와 先行硏究를 보면,

첫째, Schiller등의 批判的 觀點에서 이루어진 연구는 國際데이타流通을 통한 多國籍企業의 제3세계진출을 커뮤니케이션 제국주의관점에서 서술하고 있으며, Sola Pool을 비롯한 국제데이터유통의 유용성을 강조한 학자들은 데이타베이스의 발전정보가 제3세계에 가져다 줄 잇점을 강조하고 있다. 그러므로 이들의 국제데이터유통에 대한 논의의 차이는 연구관점의 차이라기보다도, 오히려 연구 대상의 차이에서 비롯되는 것이라고 볼 수 있다. 이들은 국제 데이터유통 유형을 세분해서 분류하지 않고 각기 자기의 주장을 입증할 만한 국제 데이터 유통유형을 국제 데이터유통 전체로 설명하고 있는 것이다. 기존의 국제커뮤니케이션 논쟁의 대상이 뉴스유통이나 영화, 광고 등의 外來文化의 汚染이나 文化從屬에 대한 것이었다면 국제 데이터 유통 (특히 데이타베이스) 에 있어서는 그 정보의 특성때문에 제3세계 국가는 데이타베이스에 관해서는 정보의 自由流通原則을, 情報傳送시스템에 의한 다국적기업 진출에 대해서는 정보의 規制原則을 적용하면서 이 두 원칙사이에 적절한 균형을 맞추는 것이 국제데이터유통의 과제가 될 것이다. 그런 의미에서 국제데이터유통이 현존의 남-북 간의 국제커뮤니케이션질서를 무조건 약화시킬 것이라는 Schiller의 견해는 다음과 같은 문제점을 지니고 있다고 본다.

(1) 국제데이터유통에 대한 槪念整理가 잘못되어 있다. 즉, Schiller는 국제데이터유통을 기업 간의 정보전송시스템에 국한시키고 있다. 정보전송시스템은 국제데이터유통의 한 종류일 뿐 전체는 아니다. 즉, Hamid Mowlana의 지적대로 제3세계 국가들은 데이터베이스를 통해 自國으로 들어오는 發展情報에의 接近/入手와 그 利用能力이 政治, 經濟, 社會的 利點을 줄 수 있다는 것을 충분히 인식하고 있다는 사실을 Schiller는 간과하고 있는 것 같다.

(2) 국제데이터유통논쟁을 주로 제1세계와 제3세계 논쟁으로 보고 있지만, 제3세계는 국제데이터유통을 수용할 단계가 되지 못하기 때문에 향후의 문제로 볼 수 있으며 현재로서는 일부 先進開度國에 해당되는 문제이다. 국제데이터유통이 사실상 方向과 量에서 先進地域間에 더욱 많

이 일어나고 있으며 국제데이터유통 기반설비가 부족한 저개발국에서는 실제 국제데이터유통에 대한 접촉도가 낮기 때문에 제3세계 국가만이 일방적으로 국제데이터유통 침해를 당하는 것이라고 해석하기는 어렵다고 할 수 있다.

(3) Schiller는 국제데이터유통에 의한 多國籍企業 進出을 제3세계의 經濟的 侵略手段으로 보면서도 이에 대한 대응책을 제시하지 않고 있다. 결국 이와 같은 Schiller의 견해는 情報의 孤立主義(일본우정성보고서는 이를 情斷論이라고 표현하고 있음)라 할 수 있는데 이와 같은 고립주의가 과연 뉴 테크놀로지 시대에 있어서 제3세계의 발전에 유용한가에 대한 설명이 필요할 것이다.

둘째, 기존의 국제커뮤니케이션 논쟁은 주로 제1세계와 제3세계 간의 논쟁으로 인식되어 왔지만 국제데이터유통은 제1세계 국가들(미국－유럽) 제1세계와 제2세계(東－西問題), 제1세계와 제3세계(南－北問題)와의 갈등을 포함하는 複合的인 構造이며, 특히 미국과 유럽 간의 갈등이 가장 첨예하다고 하겠다. 미국과 유럽 간의 갈등은 情報主權的 차원에서 재해석할 수 있다. 유럽은 전산화된 데이터은행이나 네트워크와 같은 그들의 정보주권에 대한 外部(미국)의 過多한 侵害를 어떻게 막느냐에 있다. 그러나 정보주권의 차원에서 비롯된 프라이버시보호입법이 자국의 情報産業保護와 保護貿易主義의 방편으로 이용될 가능성이 제고되고 있는 실정임을 알 수 있었다.

셋째, 국제데이터유통논쟁은 국가 간의 理想主義의 전통과 맥락을 같이하는 情報의 自由流通原則이나, 또는 急進主義 패러다임을 理論的 背景으로 하고 있는 新國際情報秩序運動과는 그 패러다임이 다르며, 現實主義傳統에 접근해 간다고 하겠다. 즉, 뉴스유통에서 정보의 자유유통원칙을 주장하는 유럽이 국제데이터유통에서는 정보주권을 주장하는 것이나 제3세계가 과학정보, 발전정보에 대해서는 정보의 접근권 또는 정보의 자유유통원칙을 주장하는 것은 현실주의 전통을 보여주는 실례들이라 하겠다. 즉, 본 연구자의 관점에서는 국제데이터유통논쟁의 現住所는 自國의 현실적인 政治, 經濟的 利害를 위하여 일관된 원칙들─예컨대 정보의 자유유통원칙이나 정보의 균형 있는 흐름─을 주장하지 않고 국제데이터유통의 技術與件, 內容, 그리고 유통되는 국제데이터유통정보의 특성에 따라서 각 국가마다 커뮤니케이션 秩序의 性格이 다양하게 변화할 것이라고 전망된다.

넷째, 신국제정보질서운동에 가장 직접적인 논리근거를 제공하고 있는 것은 Galtung의 이론이라 할 수 있는데 이 이론은 정보전송시스뎀을 통한 다국적기업의 해외진출이라는 측면에서는 향후에도 국제데이터유통 연구에 중요한 기준틀을 제시해 줄 수 있으리라 본다. 그러나 데이터베이스는 그 정보의 성격이 發展情報라는 것을 감안한다면, 커뮤니케이션 제국주의 모델은 정보의 내용에 따라 수정될 필요성이 있다.

다섯째, 지금까지 신국제정보질서운동을 비롯한 국제커뮤니케이션 논쟁에서 국제커뮤니케이션 질서와 國際經濟秩序와의 相互關聯性에 대한 觀心은 계속 표명되어 왔지만 실제 國際的 討議에서 구체적인 이슈를 놓고 커뮤니케이션질서와 국제경제질서문제와의 관련성이 검토되지는 못한 것 같다. 따라서 신국제정보질서운동에서 제기한 뉴스유통, 방송, 광고, 논쟁 등은 정보유통을 촉진하거나 또는 정보유통을 사실상 저해하는 經濟措置나 制裁方案을 마련하지 못하고 있는 것이다. 그러나 국제데이터 유통 논쟁은 유네스코나 非同盟會議에서 보여주었던 文化規範論爭을 지양하고 GATT나 UNCTAD 등 국제경제기구에서 국제무역분쟁으로 전환하고 있는데 이는 국제커뮤니케이션 질서의 문제가 국제경제질서의 논쟁과 실질적 이슈를 놓고 결합하고 있다는 사실을 극명하게 보여주는 것이라고 볼 수 있다.

여섯째, 국제데이터의 유통을 규제하려는 유럽이나, 또는 선진개도국에서는 뉴스, 광고, 영화 등의 국제적 유통에서 제기되었던 국가 간의 문화종속의 문제는 크게 제기되지 않는다. 그것은 컴퓨터네트워크를 통해 국제간에 유통되고 있는 데이터는 정보의 속성상 기업 간에 상호 전달하는 메시지이거나, 선진국의 호스트 컴퓨터에 저장된 과학, 학술정보 등으로 구성되어 있기 때문에 문화규범에 대한 시비는 약한 것으로 보인다. 문화규범에 대한 일부 국가의 항의는 정보의 유통을 규제하려는 전략으로 이해되고 있으며 그 전략적 가치는 별다른 성과를 나타내지 못하고 있으며 따라서 국제간의 논쟁에 있어서 주목을 받지 못하고 있다.

일곱째, 신국제정보질서운동에서 제기된 '커뮤니케이트권' 이론은 국제데이터유통 논쟁에서는 L. S. Harms가 주장하는 '커뮤니케이션을 하지 않을 권리'를 포함하는 포괄적인 개념으로 확대되고 있다. 즉 유럽이 국제데이터유통의 規制戰略으로 적용하고 있는 情報主權의 개념은 커뮤니케이션의 雙方向的인 개념이 아니라 '커뮤니케이션을 하지 않을 권리'로 해석할 수 있겠다. 그러나 국제데이터유통 전략에 대한 유럽의 最近動向을 보면 情報傳送 네트워크(국제VAN포함)에 대해서는 정보의 開放政策을 취하고 있어서 국제데이터유통의 유형에 따라 다양한 입장을 보이고 있다. 한편 제3세계는 情報傳送 네트워크에 대해서는 '커뮤니케이션을 하지 않을 권리'를 주장하지만 데이터베이스에 대해서는 "情報의 接近權"을 주장함으로써 국제데이터유통의 유형에 따라 선별적인 입장을 취하고 있는 것으로 보인다.

여덟째, 유럽과 제3세계의 국제데이터유통에 대한 규제전략을 고려해 볼 때 국제데이터유통에 있어서 정보의 자유유통원칙에 입각한 世界主義가 쉽게 확산되리라고 보지 않는다. 국제데이터유통은 필경 국경선을 가로질러 수많은 데이터의 유통을 가능케 하고 이른바 지구촌시대를 개막할 것이다. 그러나 데이터의 세계적 확산에 대응하여 국제데이터유통의

規制措置도 강화될 것이며 아울러 각국의 情報政策도 民族主義的 性格을 강화시켜 나갈 것으로 예상되고 있다.

2. 한국 국제데이터유통 現況分析을 통해서 본 研究結果는 다음과 같다.

첫째, 韓國 국제데이터유통의 制度的 特性을 보면, 관리기관의 獨占體制를 통해 국제데이터유통의 개방과 규제가 이루어지고 있다. 한국은 이데올로기가 서로 다른 국가와는 데이터의 유통을 하지 않고 있었다. 한국의 국제데이터유통 現況分析을 통해서 한국의 국제데이터유통을 결정하는 가장 중요한 변인이 이데올로기변인임을 확인할 수 있었다. 그러나 이데올로기변인이 한국의 특수성에서 비롯된 것인지 아니면 다른 나라에서도 이와 같이 이데올로기요인이 국제데이터유통을 결정하는데 강하게 작용하고 있는가 하는 것은 계속 논의의 과제가 될 것이다.

둘째, 한국 국제데이터유통의 內容과 受容者의 特性을 보면 우리나라의 국제데이터유통은 해외기업의 본사와의 네트워크로 주로 이용되는 정보전송시스템이 대부분(95%)을 차지하고 있다. 데이터베이스에서는 주로 발전정보를 사용하고 있고, 그 대상이 주로 기업체임을 미루어 우리나라 국제데이터유통요인은 경제적 요인과 관련성이 있음을 알 수 있다.

셋째, 우리나라 국제데이터유통채널의 특성을 보면 미국의 하부구조(ITT, RCA)에 독점되어 있다. 이는 국제데이터유통 하부구조에 있어서 세계적 현상이라 할 수 있다.

넷째, 한국은 국제데이터유통의 하부구조가 도시지역에 집중되어 지역간 데이터流通의 不均衡을 보여주고 있었다.

이와 같은 결과로 미루어보면 한국의 국제데이터유통은 제도, 내용, 채널, 이용자 측면에서 제3세계 국가의 일반적 특징을 보여주고 있으며 따라서 제3세계의 입장에서 논의된 Hamid Mowlana의 견해가 한국의 유통 특성 및 정책방향을 제시하는데 도움이 될 것이다.

3. 資料分析結果 및 論議를 통해서 본 研究結果는 다음과 같다.

첫째, 한국의 국제데이터유통의 주요 대상국가는 미국, 일본, 유럽이지만, 홍콩, 대만, 싱가포르 등 주변 국가들과도 한국은 국제데이터유통을 많이 함으로써 Galtung의 4가설(일반 주변 국가들 사이에는 情報流通이 거의 이루어지지 않고 있다)을 부정하고 "情報地域" 가설을 입증하고 있다. 그러나 뉴스유통에 있어서는 홍콩, 싱가포르, 대만 등 주변 국가들과 한국과는 정보유통이 거의 이루어지지 않고 있어서 Galtung의 4가설을 입증하고 있다.

둘째, 뉴스유통에 있어서는 홍콩(6위)에서 우리나라로 유입(input)되는 뉴스는 조사분석 시 주로 중국관계 외신으로 나타나고 있었고, 다른 공산권 국가의 뉴스(특히 소련, 북한)도 상당수 나타나고 있어 Galtung이 제기한 '이데올로기가 다른 국가들 간에는 정보유통이 거의 이루어지지 않고 있다'는 가설은 부정되었다고 할 수 있다. 즉 한국 외신보도에 있어서 뉴스의 정보원(source)이 공산권 국가는 아니지만 공산권 국가의 뉴스도 뉴스가치에 따라서 많이 취급되고 있음을 알 수 있었다. 즉, 우리나라는 이데올로기가 다른 공산권 국가와는 전혀 국제데이터유통을 하지 않고 있지만, 뉴스유통에서는 통신사나 外紙의 소개라는 간접적인 2단계 과정을 통해 공산권국가와 정보유통을 하고 있음을 알 수 있다. 이상의 연구결과를 통해 국제데이터유통은 뉴스유통보다 정치적인 이데올로기문제가 정보유통의 장애요소로서 작용하고 있음을 알 수 있다. 또한 이상의 연구결과들을 보면 정보지역(information region)의 개념이 뉴스유통보다는 국제데이터유통에 더 적용되고 있다는 것을 알 수 있다.

4. 研究假說檢證結果를 통해 본 韓國의 國際데이터流通의 特性은 다음과 같다.

첫째, 국제데이터유통은 해외지사수, 외교관계, 국제결혼 등 국가 간의 國際關係變因(relational variable)이 국제데이터유통량과의 相關關係가 높으며, 뉴스유통은 國民總生産, 人口 등 國家的變因(internal variable)과 상관관계가 높은 것으로 나타났다. 이는 국제데이터유통은 국제간에 있어서 기업과 기업 간의 정보의 쌍방적 유통이 많다는 것을 의미하는 것이며, 뉴스유통은 상대적으로 정보의 일방적인 유통 때문에 나타난 연구결과로 보인다. 이 연구결과를 보면 국제데이터유통은 relational variable이 유통량을 결정하는 중요 변수이며, 뉴스유통은 각 국가의 국가적 변인(internal variable)이 중요하다는 것을 알 수 있다.

둘째, 국제데이터유통이나 뉴스유통에 있어서나 면적, 지리적 변인은 모두 상관관계가 낮은 것으로 나타났다. 특히 지금까지 커뮤니케이션 연구에서 중요한 변수로 간주되어 왔던 지리적 변인(distance)은 상관관계가 매우 낮은 것으로 나타났으며 통계적 유의도가 낮아 사실상 국제데이터유통, 뉴스유통과는 상관성이 없는 것으로 판명되었다. 따라서 국제커뮤니케이션 영역에서 지리적 변인은 별 의미가 없는 것으로 볼 수 있다. 특히 국제데이터유통, 그 자체는 국경을 초월하는 정보의 유통이므로 이미 거리의 개념을 초월하는 것으로 이해할 수 있는 것이다.

셋째, 연구가설 1에 대한 假說檢證結果를 보면 국제데이터유통이나 뉴스유통 공히 정치적 변인으로는 외교관계, 경제적 변인으로는 해외지사수, 문화적 변인으로는 국제결혼, 물리적 변인으로는 인구와의 상관관계가 가장 높은 것으로 판명되었다.

국제데이터유통량은 경제적 요인(r=0.9127), 문화적 요인(r=0.8941), 정치적 요인(r=0.7965), 물리적 요인(r=0.7603)의 순서대로 상관관계가 높은 것으로 나타났다. 경제적 요인이 국제데이터유통량과의 상관관계가 가장 높기 때문에 연구가설 1-(1)은 입증된다고 하겠다. 그러나 뉴스유통량은 경제적 요인(r=0.9575), 문화적 요인(r=0.9243), 정치적 요인(r=0.8684), 물리적 요인(r=0.7622)과의 순서대로 상관관계가 높은 것으로 나타났기 때문에 연구가설 1-(2)는 부정되었다고 할 수 있다.

또한 국제데이터유통량은 뉴스유통과의 상관관계가 매우 높게 나타났으며(r=0.9799) 이 상관관계지수는 다른 요인들과의 상관관계지수보다 높은 것으로 나타났다. 이 研究結果는 커뮤니케이션 요인 간의 상관관계가 다른 요인과의 상관관계보다 높다는 것을 立證해 주는 것으로 이해할 수 있다. 또한 국제데이터유통량, 뉴스流通量과 상관관계를 맺고 있는 요인들의 우선순위도 경제적 요인, 문화적 요인, 정치적 요인, 물리적 요인의 순서대로 나타나고 있어 국제데이터유통과 뉴스유통의 유통량을 결정하는 요인들은 서로 비슷하다는 것을 알 수 있다. 따라서 본 연구자가 가정하고 있었던 국제데이터유통과 뉴스유통의 유통에 있어서 그 요인이 다를 것이라는 가정은 부정되었다.

넷째, 研究假說 2에 대한 검증결과를 보면, 독립변인들은 국제데이터유통량의 변량을 약 89% 정도를 설명할 수 있으며(explaining variunce), 약 11%가 잔여변량(residual variance)인 것으로 나타났다. 이 결과를 보면 본 조사에서 선정한 각 요인들은 국제데이터유통에 대한 說明力(explaining power)이 매우 높은 것으로 판명되었다. 이 요인들이 선정된 것은 기존의 情報流通研究의 狀況構造的接近方法(logistic approach)에서 이용된 요인들을 중심으로 선정하였지만, 이 요인들은 국제데이터유통량을 결정하는데도 중요한 요인이 될 수 있음을 알 수 있다. 또한 정치적 요인, 경제적 요인, 문화적 요인, 물리적 요인이 국제데이터유통량에 대한 相對的 重要性이나 相對的寄與度(rela-tive contribtion)을 보면 경제적 요인(Bata=1.205309), 물리적 요인(Bata=-0.01979)의 순서대로 나타났다. 앞에서 살펴본 국제데이터유통과 각 요인과의 상관관계와는 달리 정치적 요인이 문화적 요인보다는 국제데이터유통량에 미치는 影響力이 더 크게 나타나고 있음을 알 수 있으며 따라서 연구가설 2-(1)은 입증되었다.

研究假說 2-(2)를 검증하기 위해 뉴스유통량과 정치, 경제, 문화, 물리적 요인들과의 多變因回歸分析 결과를 보면, 정치, 경제, 문화, 물리적 요인들은 뉴스유통량을 약 95% 정도 설명할 수 있는 것으로 나타났다. 본 조사에서 선정된 각 요인들은 뉴스유통량을 설명하는 데 매우 유용한 요인이 되고 있음을 알 수 있다.

또한 각 요인들의 뉴스유통에 대한 相對的 寄與度(Beta Weight)를 보면 경제적 요인(1.05604), 정치적 요인(-0.33660), 문화적 요인(0.22683), 물리적 요인(0.02090)의 순서로 나타나고 있다. 이 연구결과는 가설 2-(2)을 부정한다고 볼 수 있다. 뉴스유통에 있어서도 국제데이터유통에서와 마찬가지로 경제적 요인이 국제뉴스유통량을 결정하는 가장 중요한 요인임을 알 수 있었다.

따라서 국제데이터유통량, 뉴스유통량 공히 經濟的 要因에 의해 가장 크게 영향을 받고 있음을 알 수 있다. 상관관계분석에서는 文化的 要因이 정치적 요인보다 상관관계지수가 높았으나 다변인회귀분석에서는 정치적 요인이 국제데이터유통, 뉴스유통량에 미치는 영향력이 큰 것으로 나타났다. 그러므로 경제, 정치적 요인이 국제정보유통(국제데이터유통량, 뉴스유통량)을 결정하는 가장 중요한 요인(determing factor)임을 알 수 있다.

다섯째, 研究假說 3의 검증결과를 보면 세 국가군 사이에는 국제데이터유통량에 있어서는 有意的인(p=0.005)差異가 있는 것으로 판명되었다. 특히 미국, 일본은 다른 국가들보다 한국과의 국제데이터유통량이 많은 것으로 나타났다. 다만 유럽과 제3세계(NICS군)와의 차이는 거의 없는 것으로 나타났다. 또한 정치적 요인, 경제적 요인, 문화적 요인, 물리적 요인, 국제데이터유통량, 뉴스유통량의 函數에 대한 寄與度는 (1) 뉴스유통량, (2) 국제데이터유통량, (3) 정치적 요인, (4) 경제적 요인, (5) 물리

156

적 요인, (6) 문화적 요인의 순서로 나타났다. 그러므로 커뮤니케이션변인은 국가군을 판별하는 데 있어 가장 중요한 변인임이 입증되었다. 이상의 과정을 통해 연구가설 3-(1), 연구가설 3-(2)는 입증되었다.

여섯째, 研究假說 4의 검증결과를 보면, 判別分析을 통해 정치적 요인, 경제적 요인, 문화적 요인, 물리적 요인, 국제데이터유통량, 뉴스유통량은 國家群을 判別하는데 유용한 변인임을 알 수 있었으므로 연구가설 4-(1), 연구가설 4-(2)는 입증되었다.

일곱째, 지금까지 실증분석에서 이용한 변인들을 要因分析(factor analysis) 해 본 결과 외교관계, 해외지사수, 국민총생산, 해외이민수, 국제결혼, 인구, 면적 국제데이터유통량, 뉴스유통량은 같은 요인으로 분류되었다. 따라서 상황구조적 접근방법을 통해 추출한 변인들 중 외교관계, 해외지사수, 국민총생산, 해외이민수, 국제결혼, 인구, 면적 변인은 국제커뮤니케이션 변인과 상관관계가 높으며, 또한 커뮤니케이션유통량을 결정하는 중요한 원인임을 알 수 있다. 또한 상호 조약수, 무역량, 방문자수, 지리 등의 변인은 국제커뮤니케이션의 유통량을 결정하는 유용한 요인이 되지 못하고 있음을 알 수 있다.

이 연구는 국제데이터유통에 관한 試論的 研究이며 研究方法上에 있어서는 기존의 국제커뮤니케이션 연구에서 이용되었던 研究方法과 變因들을 원용한 새로운 시도였다.

韓國 國際데이터流通 現況分析에서 이용한 자료는 한국의 국제데이터유통의 관리 기관인 DACOM에서 발행한 책자인 「데이터통신」, 「사업실적보고서」였다. 情報傳送시스템을 통해 흐르는 실제 데이터의 내용을 構造主義分析方法 등 質的分析이 가능했다면 국제데이터流通의 構造와 決定要因을 분석하는 데 훨씬 유용했으리라 판단된다.

　　또한 이 연구방법은 新國際情報秩序 運動의 맥락에서 情報流通의 決定要因을 분석했던 연구방법과 변인들을 국제데이터유통이라는 새로운 국제커뮤니케이션 활동에 적용해본 것이기 때문에 국제데이터유통의 다양한 결정요인을 분석하는 데 한계가 있다. 연구자가 論理的 推論過程을 통해 국제데이터유통을 결정하는 12개의 변인들을 각각 정치적 요인, 경제적 요인, 물리적 요인, 문화적 요인을 분류했지만 이 변인이 각 요인들을 대표하는 데 의문을 제기할 수가 있다. 한국과 국제데이터유통을 하는 국가가 16개국이었기 때문에 調査對象數(표본수)도 한정될 수밖에 없었다.

第2節 後續研究를 위한 提言

　　本 研究에서 시도한 經驗的 研究는 전적으로 國際데이터流通 研究에서 처음으로 시도한 研究方法과 統計處理方法이라 할 수 있다. 이미 앞에서도 지적한 바 있지만 국제데이터유통 연구는 오늘날 국제커뮤니케이션 연구가 당면한 가장 큰 문제 중의 하나임에도 불구하고 이에 관한 體系的인 研究패러다임과 研究方法이 빈약하다고 할 수밖에 없는 실정이라 하겠다. 특히 커뮤니케이션학에서의 국제데이터유통연구는 批判的 觀點이 주류를 이루어왔고, 타학문 분야에서의 성과를 소개하는 정도의 초보적인 수준에 머물고 있다. 거의 모든 사회현상이 그러하듯이 국제데이터유통 현상 역시 대단히 복잡하고 複合的인 現象의 하나로 파악되어야 마땅할 것이며, 이런 의미에서 여러 가지 구조적 요인 또는 국제관계 요인을 동시에 고찰하는 多元的 接近方法이 국제데이터유통 현상을 분석하는 데 필요할 것으로 믿는다.

특히 국제데이터유통 연구는 국제데이터유통 자체가 정보의 소유권적 특성 때문에 정보유통 과정을 실증적으로 분석 하기가 용이하지 않다는 제한적인 특성을 지니고 있지만 실증적 데이터에 의해 지지를 받을 경우 체계적인 연구성과를 축적할 수 있으리라 믿는다. 연구자는 참여관찰과 설문조사방법을 통해 이를 시도해 보았으나 불가능 했다. 국제데이터유통을 하고 있는 한국의 기업들에게 데이터의 익명성(anonymity)과 비밀보장을 유지하는 방법에 대해 납득시킴으로써 당초 어느 정도는 국제데이터유통 정보의 내용공개가 가능하리라고 보았다. 또는 데이터의 이용자명단(ID number)은 각 데이터에 무작위로 배치하여 연구자만이 그 데이터를 조사대상과 연결시켜 살펴보겠다고 설득하기도 하였다. 또한 국제데이터유통 정보는 비밀의 보장을 요하는 커뮤니케이션 내용에 관련이 있기 때문에 연구자는 내용보다는 한국에서 데이터유통을 이용하고 있는 조사대상들의 송신자가 누구인가를 분석하고자 했지만 이는 불가능했다. 다만 이와 같은 과정을 통해서 국제데이터유통이 기업정보의 소유권적 특성과 비밀정보의 특성이 강하다는 점은 재확인 할 수 있었다. 이런 의미에서 앞으로 국제데이터유통 연구는 국가관이나 단체의 주관으로 다(多) 학문간 연구접근방법을 통한 공동연구가 필요하다고 생각한다.

본 연구자는 국제데이터유통 연구를 추진하는 과정에서 가장 중요한 변인은 경제적 변인이라는 것을 이론적 고찰이나 실증적 분석방법을 통해서 확인한 바 있다. 그러나 우리 커뮤니케이션 학계에서는 그동안 커뮤니케이션과 경제와의 상관성을 분석한 연구가 매우 부족했다는 느낌이 든다. 커뮤니케이션학은 다(多) 학문간 원리와 이론을 원용한 연구가 매우 많은 편이지만 특히 경제원리를 적용한 실증연구는 매우 부족했다. 따라서 우리 커뮤니케이션학에서도 매스커뮤니케이션경제학, 정보경제학 이론을 적용한 연구가 활성화되기를 기대해 본다.

參考文獻

I. 外國文獻

가. 單行本

· Bell, Daniel, *The Coming of Post-Industrial Societies Venture in Social Forecasting*, (N. Y.: Basic Books), 1973.

· Brown, Ronald, W, *Economic and Trade Related Aspects of Transborder Data Flow: Elements of a Code for Transnational Commerce*, (Chartwell Bratt), 1986.

· Casmir, Fred L.(ed.), *Intercultural and International Communi- cation*, (Washington, D.C.: Univ. Press of America), 1978.

· Curran, J. et al(eds.), *Mass Communication and Society*, (Beverly Hills, CA: Sage), 1979.

· Gerbner, George and Siefert, Marsha(eds.), *World Communications*, (N. Y.: Longman), 1983.

· Grunig, James E., "A General Systems Theory of Communication, Poverty and Underdevelopment," in Casmir, Fred L.(ed.), *Intercultural and International Communication*, (Washington, D.C.: Univ. Press of America), 1978.

· Hamlink, Cees J., *Cultural Autonomy in Global Communications: Planning National Information Policy*, (N. Y.: Longman), 1983.

· Hamlink, Cees J., "Informatics; Third World Call for NewsOrder," in *J. O. C., 29(3)*, 1979.

· Heins, D. F. and Merril, John C.(eds.), *International and Intercultural Communication*, (N. Y.: Hastings House),1976.

· Hester, Al. "International Information Flow," in Heins, D. F. and Merril, John D.(eds.),, *International and Intercultural Communication*, (N. Y.: Hastings House Publisbers), 1976.

· Hester, Al, "Theoretical Considerations in Predicting Volume and Direction of International Information Flow," in Heins, D, F. and Merril, John D.(eds.), *International and Intercultural Communication*, (N. Y.: Hastings House Publishers), 1976.

· Horton, Phillip C., *The Third World and Press Freedom*, (N. Y.: Praeger Publishers), 1978.

· International Bureau for Informatics, "World Conference for Transborder Data Flow Policies," 1982.

· Katzan, Harry, Jr., *Multinational Computer Systems: An Introduction to Transnational Data Flow and Data Regulation*, (Von Nostrand Reinhold Co.), 1980.

· Lee, Sang Chul(ed.), *Readings in International Communication*, (Seoul: Jin Heung Publishing Co.), 1980.

· MacBride, Sean, *Many Voices, One World*, (N. Y.: UNESCO), 1980.

· Machrup, F., *The Porducton and Distribution of Knowledge in the United States*, (Prinecton Univ. Press), 1962.

· Mosco, Vincent and Wasco, Janet, *The Critical Communications Review(2)*, (Norwood, N. J.: Ablex Publishing Corp.), 1985.

· Mowlana, Hamid, *Global Information and World Communications: New Frontiers in International Relations*, (N. Y: Longman), 1986.

· Mowlana, Hamid (ed.), *International Flow of News*, (N. Y.: UNESCO). 1985.

· Nanam Publishing Co,.(eds.), *Selected Articles on International Communication*, 1987.

· Nordenstreng, Kaarle and Schiller, H. I.(eds.), *National Sovereignty and International Communication*, (Norwood, N. J.: Ablex Pub-Iishing Corp.), 1979.

· O'Brien, Rita C., *Information Economics and Power: The North-South Dimension*, (Hodder and Stoughton), 1983.

· OECD, *Guidelines on the Protection of Privacy and Transborder Flows of Personal Data*, (Paris: OECD Publishing), 1981.

· Pool, Ithiel de Sola. "The Influence of International Communication on Development," in Rahim, Syed and Middleton, John(eds.), *Perspectives in Communication Policy and planning*, (Honolulu, Hawaii: East-West Center), 1977.

162

- Pool, Ithiel de Sola, "Direct Broadcasting Satellites and the Integrity of National Culture," in Nordenstreng, Kaarl and Schiller, H. I.(eds.), *National Sovereignty and International Communication*, (Norwood, N. J.: Ablex Publishing Corp.), 1979.

- Rada, J. F. and Pipe, G. R.(eds.), *Communication Regulation and International Business*, (Geneva), 1984.

- Rahim, Syed and Middleton, John (eds.), *Perspectives in Communication Policy and Planning*, (Honolulu, Hawaii: East-West Center), 1977.

- Richstad, Jim(ed.), *New Perspectives in International Communication*, (Honolulu, Hawaii: East-West Center), 1977.

- Robinson, Glen O(ed.), *Communications for Tomorrow Policy Perspectives for the 1980s*, (N. Y.: Praeger Publishers), 1978.

- Rogers, Everett M., *Communication Technology*, (N. Y.: The Free Press), 1986.

- Schiller, H. I., *Who Knows: Information in the Age of the Fortune 500*, (Norwood, N. J.: Ablex Publishing Corp.), 1981.

- Smith, Anthony, *The Geopolitics of Information: HowWestern Dominates the World*, (N. Y. :Oxford Univ. Press), 1980.

- Stemple, Guids H. and Westley, Bruce H., *Research Methods in Mass Communication*, (N. Y.: Prentice Hall Inc.), 1984.

- Stevensen, Robert C.(ed.), *Foreign News and New World Information*

Order, (Ames, Iowa: Iowa State Univ. Press), 1984.

· Transnational Data Reporting Service Inc., *Transnational Data Report*, 1980, 1987, 1988.

· United Nations Center on *Transnational Corporations- (UNCTC)*, *Transnational Corporations and Transnational Data Flow: A Technical Paper*, (N. Y.: United Nations Publication), 1982.

· 日本郵政省 電氣通信總局, TDFウオース, 1985. 4.

· 日本經濟企劃廳 國民生活局 消費者行政 第一課(編), 個人情報 保護: 資料編, 調査編, (東京: 大省印刷局), 1987. *OECD Observer, No.95*, 1987.

4. 論 文

· Ahren, Thamas J., Jr., "Determinants of Foreign Coverage in U. S. Newspapers," in Stevensen Robert C.(ed.), *Foreign News and New World Information Order*, (Ames, Iowa: Iowa State Univ. Press), 1984.

· Boyd-Barret, Oliver, "Media Imperialism: Towards an Inter- national Framework for the Analysis of Media System", in Curran, J. et at(eds.), *Mass Communication and Society*, (Beverly Hills, CA: Sage), 1979.

· Commission on Transnational Corporations, "The Role of Transnational Corporations in Transborder Data Flow," *Paper Presented Attension Session*, 1984.

· Donovan, Timothy G., "Data Protection's Many Tentacles," *Paper presented at the Computer Privacy and Security Symposium, Top Secrets 1981*, (Phoenix, AZ: Honeywell Information Systems, Inc.), 1981.

· Dupree, J. D., "International Communication: View from a 'Window on the World'", *Gazett 17*, 1971.

· Feketekuty, Geza and Aronson, Jonathan D., "Restrictions on Trade in Communication and Information Service".

· Frieden, Robert M., "The International Application of the Second Computer Inguiry".

· Galtung, Johan, "A Structural Theory of Imperialism", in Journal of Peace Research, No.2, 1972.

· Gassman, Hans P., "Data Networks: New Information Infrastructure," in Data Privacy," in *International Law*, 1980, Summer.

· Lent, John A., "Foreign News in America Media," in *J. O. C., 27*, 1977.

· Lewin, Kurt, "Channels of Group Life," in *Human Relations*, 1947.

· Markoski, Joseph P., "Telecommunications Regulations as Barriers to the Transborder Flow of Information".

· Mowlana, Hamid, "Political and Social Implications of Communications Satellite Applications in Developed and Developing Countries," in Rubin, B. D.(ed.), *Communication*

Yearbook I, (New Burnswick, N. Y.: Transaction Books), 1977.

· Novotny, Eric J., "Transborder Data Flow Regulation: Technical Issues of Legal Concern," in *Computer/Law Journal*, 1982, Winter.

· OECD, "Transborder Data Flow and the Protection of Privacy," in *ICCP Committee Report*, (Paris: OECD), 1979.

· Polman, Edward, "Satellite Broadcasting, National Sovereignty and Free Flow of Information," in Nordenstreng, Kaarle and Schiller, H. I.(eds.), *National Sovereignty and International Communication*, (Norwood, N. J.: Ablex Publishing Corp.), 1979.

· Porat, M. C., "Communication Policy in an Information Society," in Robinson, Glen O(ed.),*Communications for Tomorrow Policy Perspectives for the 1980s*, (N. Y.: Praeger Press), 1978.

· Powers, Sheryl, "Reciprocity in International Telecommunications Trade: A New Trade Barrier."

· Rada, J. F., "Trends and Effects of Information Technology," in Rada, J. F. and Pipe, G. R.(eds.), *Communication Regulation and International Business*, (Geneva), 1984.

· Rada, J. F, "The Micro Electronic Revolution: Implications for the Third World," in *Development Dialogue*, Vol. 2, 1982.

· Ramsey, Thmas J., "Europe Responds to the Challenge of the New Information Technologies: a Teleinformatics Strategy for the 1980's" in *Computer/Law Jourual*, 1982, Winter.

· Richstad, Jim and Nnaemeka, Tony, "News Flow Research and Information Region," *A Paper presented at the 19th IMACR Conference*, in Prague, Czecheslobakia, 1984.

· Rosengren, Karl E., "International News: Methods, Data, and Theory," in *Journal of Peace Research*, 11(2), 1974.

· Salinas, Raquel and Paldan, Leena, "Culture in the Process of Development; Theoretical Perspectives," in Nordenstreng, Kaarle and Schiller, H. I.(eds.), *National Sovereignty and International Communication*, (Norwood, N. J.: Ablex Publishing Corp.), 1979.

· Sauvant, Karl P., "Transborder Data Flows," in *International Law*, 1980, Summer.

· Schiiler, H. I., "Informatics and Information Flows: The Underpinnings of Transnational Capitalism," in Mosco, Vincent and Wasco, Janet(eds.), *The Critical Communications Review(2)*, (Norwood, N. J.: Ablex Publishing Corp.), 1985.

· Skurnik, W. A. E., "Foreign News Coverage in Six African Newspapers: The Potency of National Interests," *Gazette*, 1985.

· Sommerlad, Hoyd E., "Free Flow of Information, Balance, and the Right to Communicate," in Richstad, Jim(ed.), *New Perspectives in International Communication*, (Honolulu, Hawaii: East-West Center), 1977.

· Steiglitz, J. E., "Economics of Information and Theory of Economic Development," in National Bureau of Economic Research,

Working Paper, *No.1566*, 1982.

· Surprenants, Thomas J., "Problems and Trends in International Information and Communication Policies," in *Information Processing and Management*, *Vol. 23(1)*, 1987.

· Verneil, De J., "A Correlation Analysis of International Newspaper Coverage and International Economic, Communi- cation, and Demographic Relationships," in Rubin, B. D.(ed.), *Communication Yearbook I*, (New Burnswick, N. Y.: Transaction Books), 1977.

· Wigand, Rolf T. et al, "Transborder Data Flow, Informatics and National Policies: A Comparison Among 22 Nations," *Paper presented to ICA Annual Convention Session*, 1983. 5. 28.

2. 國內文獻

가. 單行本

· 經濟企劃院 調査統計局, 〈韓國統計年鑑〉, 1986.

· 經濟企劃院 調査統計局, 〈主要海外經濟指標〉, 1987.

· 觀光産業硏究所, 〈韓國觀光年鑑〉, 1987.

· 金世源 外(編著), 〈情報化社會의 挑戰〉, (서울: 貿易經營社), 1987.

· 金晋均 外(編著), 〈第三世界와 韓國의 社會學〉, (서울: 돌베게), 1986.

· 녹두편집부(編), 〈政治經濟學原論〉, (서울: 녹두출판사), 1986.

· 박경서, 〈國際政治經濟論〉, (서울: 法文社), 1986.

· 박재묵(편역), 〈第三世界 社會發展論〉, (서울: 創作과 批評社), 1984.

· 朴玄埰, 李大根, 崔章集 外(編著), 〈韓國資本主義와 社會構造〉, (서울: 한울), 1987.

· 産業經濟硏究院 貿易政策室, 〈우루과이라운드: 새로운 國際貿易秩序의 展開〉, 1988.

· 徐正宇, 〈國際커뮤니케이션論〉, (서울: 나남출판사), 1987.

· 吳澤燮, 〈社會科學 데이터 分析法〉, (서울: 나남출판사), 1984.

· 外務部, 〈大韓民國 條約目錄〉, 1987.

· 元佑鉉, 〈現代미디어理論〉, (서울: 나남출판사), 1988.

나. 論 文

· 金永錫, "情報時代와 커뮤니케이션 政策에 開한 硏究", ('87 電氣通信學術課題), 1988.

· 朴許植, "新聞의 煽情主義와 社會變動因間의 相開開係에 開한 硏究", (서울大 博士學位論文), 1986.

· 徐漢錫, "新興工業國의 周邊的 特質에 關한 硏究", 朴玄埰, 李大根, 崔章集 外(編著), 〈韓國資本主義와 社會構造〉, (서울: 한울출판사), 1987.

· 成克濟, "情報通信産業 및 서비스의 國際化趨勢에 關한 硏究", (通信政策硏究所), 1987.

・尹錫敏, "情報通信技術의 發達과 南北間 葛藤의 變貌에 關한 研究: DBS 論爭을 中心으로", (서울大 碩士學位論文), 1987.

・秋光永, "通信技術의 革命과 國際커뮤니케이션", (서울大 新聞研究所學報), 1987.

・秋光永, "第三世界와 新國際情報秩序運動", 金晋均 外(編著), 〈第三世界와 韓國의 社會學〉, (서울: 돌베게), 1986.

・河英善 "直接衛星放送의 國際政治學: 情報의 自由로운 流通 對 規制 論爭을 中心으로", (서울大 碩士學位論文), 1985.

・黃仁世, "우르과이라운드의 電氣通信서비스 協商展望", 통신개발연구원 미발표논문, 1988.

· 저자 ·

정윤식　· 약 력 ·

고려대학교 신문방송학과 박사
교육방송 방송원
정보통신정책연구원 연구위원
현재 강원대학교 신문방송학과 교수

· 주요논저 ·

「독일 방송법제와 정책」
「미디어 융합의 동인, 전개양상, 정책과제」
외 다수

정보사회의 국제커뮤니케이션 질서
- 국제데이타유통(TDF) 분석 -

· 초판 인쇄	2006년 12월 30일
· 초판 발행	2006년 12월 30일
· 지 은 이	정윤식
· 펴 낸 이	채종준
· 펴 낸 곳	한국학술정보㈜
	경기도 파주시 교하읍 문발리 526-2
	파주출판문화정보산업단지
	전화　031) 908-3181(대표) · 팩스　031) 908-3189
	홈페이지　http://www.kstudy.com
	e-mail(출판사업부)　publish@kstudy.com
· 등　　록	제일산-115호(2000. 6. 19)
· 가　　격	11,000원

ISBN　89-534-6126-X 93300 (Paper Book)
　　　　89-534-6127-8 98300 (e-Book)